Auf der kolorierten Lithografie von 1858 ist die Stadt noch in ihren mittelalterlichen Grenzen zu erkennen.

Birgitt Hellmann und Sylvia Weigelt

Jena

55 Meilensteine der **Geschichte**

Menschen, Orte und Ereignisse, die unsere Stadt bis heute prägen

SUTTON

Inhalt

Jena

Vom unbedeutenden Marktflecken zur Hightechstadt

Jena ist heute eine pulsierende Stadt, geprägt durch die fruchtbare Symbiose von wissenschaftlicher Forschung, modernster Industrie, traditionsreicher Universität und kultureller Innovation. Dabei war die Stadt einst nur ein unbedeutender Marktflecken.

Die ersten bislang bekannten Zeugnisse, die Menschen in Jena und der näheren Umgebung hinterließen, stammen aus der mittleren Altsteinzeit, etwa vor 12.000 Jahren, der Zeit des Neandertalers. Das Plateau des Jenzigberges scheint ein bevorzugter Siedlungsplatz gewesen zu sein. Dennoch waren wohl die Schwemmflächen des Leutra-Baches oder die Saalefurt bei Wenigenjena Ausgangspunkt der späteren Stadtwerdung, wie menschliche Knochenfunde aus dem 7. und 8. Jahrhundert nahelegen.

Über den Ursprung des Namens „Jena" ist sich die Forschung bis heute nicht einig. Der 896/899 in einem Zehntregister des Klosters Hersfeld genannte Ortsname „iani" wird als „Gebiet am Flussübergang", als „Landfläche", „Waldstreifen" oder „Reihe von Rebstöcken" gedeutet. Aber auch der slawische Name „Jan" (Johannes) könnte zugrunde gelegen haben; Jena würde sich dann auf die „Leute des Johannes" beziehen. Sicher ist hingegen die Existenz der 937 bezeugten königlich-kaiserlichen Burg Kirchberg auf dem Hausberg, der drei weitere Burgen folgten. Ebenso wie die Lobdeburg und Kunitzburg dienten sie vorrangig der Kontrolle über die wichtigen Verkehrswege entlang der Saale.

Zwischen 1175 und 1200 sind die aus Franken eingewanderten Lobdeburger als Herren über Jena ausgewiesen. Unter ihrer Herrschaft erfolgte der planmäßige Ausbau zur Stadt, die sich zu einer blühenden Weinbauernstadt entwickelte. Sichtbares Zeichen des Wohlstandes war die im 14. Jahrhundert errichtete Kirche St. Michael, eine der größten gotischen Stadtkirchen Thüringens.

Mit dem im 15. Jahrhundert erbauten Stadtschloss, an dessen Stelle 1908 die Universität ihr neues Hauptgebäude eröffnete, wurde Jena Nebenresidenz der Wettiner. Unter den Ernestinern, in deren Besitz sich die Stadt seit der Leipziger Teilung 1485 befand, entstand hier ein Zentrum der Reformation. Deren führender politische Kopf Johann Friedrich I. von Sachsen (in Jena Hanfried genannt) begründete 1548 nach dem Verlust der Wittenberger Universität die Hohe Schule zu Jena, die zehn Jahre später zur Universität (auch Alma Mater oder Salana genannt) erhoben wurde. Ihre Ausrichtung auf die lutherische Theologie machte sie zu einer der gefragtesten Universitäten im protestantischen Deutschland.

Durch Johann Wolfgang von Goethe erfuhr die Universität einen enormen Aufschwung. Er förderte die Naturwissenschaften und veranlasste die Berufung führender Wissenschaftler und Denker. Unter seiner Ägide als Minister des Weimarer Hofes entwickelte sich Jena zur „Stapelstadt des Wissens". Auf Goethes Empfehlung wurde Friedrich Schiller 1789

Dicht umlagert sind die Stände der Carl Zeiss Jena GmbH zur alle zwei Jahre stattfindenden Langen Nacht der Wissenschaften.

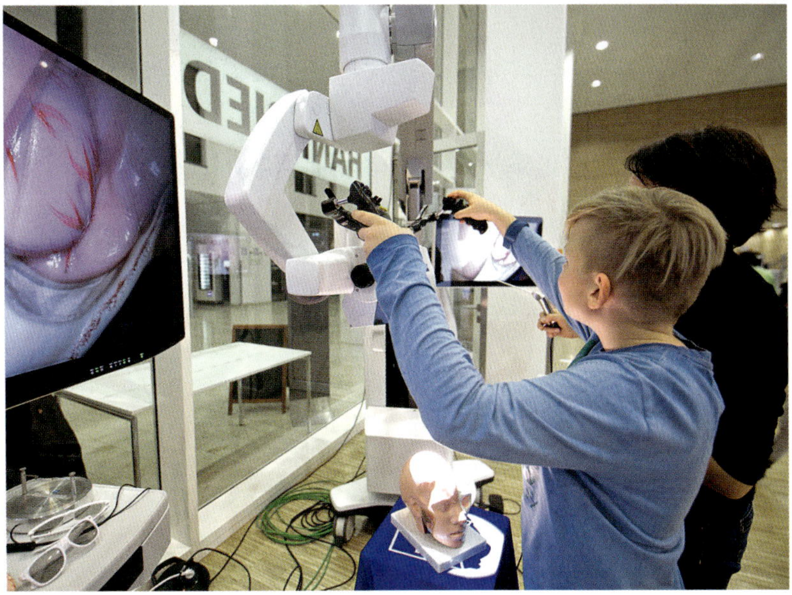

zum Professor der Philosophie berufen. Er lehrte und dichtete zehn Jahre lang in der Saalestadt. Anlässlich seines 175. Geburtstages erhielt die Universität den Namen „Friedrich Schiller“. Der Ruf Jenas und seiner Universität als geistig innovatives Zentrum zog auch eine Gruppe kunst- und literaturinteressierter junger Leute an, die „Keimzelle“ der romantischen Bewegung. Mit der Berufung Hegels avancierte die Stadt zum Zentrum der deutschen idealistischen Philosophie.

Unweit von Jena fand 1806 die Doppelschlacht von Jena-Auerstedt statt, in der Napoleon das preußisch-sächsische Heer besiegte und damit den Untergang des Heiligen Römischen Reiches Deutscher Nation einleitete.

Das wissenschaftliche Potential der Jenaer Universität war eine wichtige Voraussetzung dafür, dass sich unter dem Dreigestirn Zeiss, Abbe und Schott ein bis heute weltweit führendes Unternehmen der feinmechanisch-optischen Industrie etablierte. Damit wurden in der zweiten Hälfte des 19. Jahrhunderts die Grundlagen geschaffen, die Jena zu einer modernen Industriestadt werden ließen. Darüber hinaus entwickelte sich die Stadt mit dem 1903 unter dem Vorsitz Eduard Rosenthals gegründeten Kunstverein zu einem Treffpunkt der künstlerischen Avantgarde.

Der Bombardierung Jenas im März 1945 fielen mehr als 700 Menschen zum Opfer, etwa 15 Prozent der Gebäude wurden zerstört. Doch die Stadt erfuhr eine Wiederbelebung. Die Firma Zeiss, ab 1965 Kombinat VEB Carl Zeiss, erholte sich und mit den Firmen Schott Jena und Jenapharm wuchs die Einwohnerzahl. 1975 hatte Jena mit 100.000 Einwohnern den Großstadtstatus erreicht. Großflächige Neubaugebiete entstanden in Lobeda und Winzerla.

Der wache Geist der Stadt schlief indes nicht. 1982 formierte sich hier die Friedensbewegung unter dem Motto „Schwerter zu Pflugscharen“ gegen Waffen in Ost und West, eine Entwicklung, die auch in Jena 1989 die Friedliche Revolution (auch „Wende“ genannt) ermöglichte. Durch die darauf folgende Umgestaltung erfand sich Jena wieder einmal neu. Mit ihrem innovativen wissenschaftlichen und handwerklich kreativen Potential entwickelte sich die Stadt zur „Boomstadt“ des Ostens, 2008 wurde sie „Stadt der Wissenschaft“. Selbstbewusst wirbt sie seitdem als „Lichtstadt“ für sich.

1 Spuren unserer Vorfahren
Frühe Besiedelungen in Jena

Die ersten Spuren, die Menschen im Mittleren Saaletal hinterließen, sind etwa 12.000 Jahre alt. Die Vegetation auf den Hochflächen und entlang der Saale bot ausreichend Nahrung, sodass die Besiedelung der Höhen und Täler um Jena von da an beständig zunahm.

Die ersten bislang bekannten Nachweise, die Menschen in Jena und der näheren Umgebung hinterließen, stammen aus der mittleren Altsteinzeit, etwa vor 12.000 Jahren, der Zeit des Neandertalers. Pfostengrundrisse von Zelten, Feuerstellen, Arbeitsgeräte aus Stein, Knochen und Geweih sowie Essensreste belegen z. B. einen Rast- und Wohnplatz bei Ölknitz, südlich von Jena, aber auch am Fuße des Jenzig, nahe Maua und bei Göschwitz. Während der Jungsteinzeit (10.000–2.000 v. Chr.) kann man von einer dauerhaften Besiedelung ausgehen. Die Menschen lebten nun in größeren Gruppen und mit domestizierten Haustieren zusammen, die Jagd- und Sammelwirtschaft wurde von Ackerbau und Viehzucht abgelöst. Siedlungen entstanden auf den fruchtbaren Lößböden in Wassernähe, wie z. B. in Ammerbach, Drackendorf, Nerkewitz, Bucha, Maua und Cospeda. Auch im Stadtgebiet von Jena fanden sich Keramik- und Bestattungszeugnisse aus dieser Zeit, wie die Hockerbestattung am Nordfuß des Hausberges. Dabei war der Tote seitlich mit angehockten Beinen gelagert, bereit für ein Weiterleben nach dem Tode.

Für die Bronzezeit (2.200–800 v. Chr.) sind bereits befestigte Siedlungen auf dem Jenzig und auf dem Johannisberg mit Werkzeugfunden, Waffen und Schmuck vorwiegend aus Bronze belegt. Dabei weisen die Grabbeigaben, insbesondere Waffenfunde, schon auf eine soziale Differenzierung hin. Befestigte Anlagen und die Niederlegung von Hortfunden auf dem Alten Gleisberg und den befestigten Höhensiedlungen des Jenzig lassen aber auch auf kriegerische Auseinandersetzungen schließen. Dabei ging es vermutlich um die Kontrolle der Verkehrswege entlang der Saale, auf denen Kupfer und Salz transportiert wurden, aber auch um die Zurückdrängung Lausitzischer Siedler, die um 1.200 v. Chr. in das Saaletal einwanderten.

Die Besiedelung des Jenzig ist von der Steinzeit über die Bronzezeit bis zur Eisenzeit als gesichert anzusehen. Zu Tage gefördert wurde eine Vielzahl von spätbronzezeitlichen Siedlungsresten, wie Keramik, Metall, Webstuhlgewichte, Mahlsteine, Gussformen und Tierknochen. Der bedeutendste bronzezeitliche Depotfund aus dem Jahr 1936 wies 3,6 Kilogramm Bronzebestandteile auf und war auf fünf Gruppen im Umkreis von etwa zehn Metern an der Nordspitze des Plateaus verteilt. Neben Arm-, Hals- und Beinschmuck wurden ein Griffdornmesser, Sicheln und ein Beil geborgen. Der Depotfund lässt ebenso wie ein ähnlicher Fund bei Münchenroda sowohl auf materiellen Reichtum als auch auf einen sakralen Kultort schließen,

Ausgrabungen einer frühgeschichtlichen Siedlung in Wenigenjena 2001.

möglicherweise eine Opferstätte oder ein naturheiliger Platz. Der durch die Funde offenkundige überregionale Handel mit Kupfer-, Zinn-, und Bronzeprodukten verweist auf die gewachsene Bedeutung der Saale und des Mittleren Saaletals als Handelsweg.

Mit der Erschließung des Eisenerzes im Saaletal etwa ab dem 6. Jahrhundert v. Chr. ging eine deutliche Veränderung der gesellschaftlichen Strukturen einher. Werkstätten entstanden, z. B. die nahe des Saalbahnhofs freigelegte Gießerei, die das im Saalfelder und Orlaraum geförderte Erz verarbeitete. Die Siedlungs- und Bestattungsformen änderten sich, wie Fürstensitze und Fürstengräber dokumentieren. Auch der Hausbau erfuhr eine Veränderung, wovon die Siedlungsgruben in Ammerbach, Lobeda, im Pennickental und am Saalbahnhof zeugen.

Für die Römische Kaiserzeit (1.–4. Jh. n. Chr.) sind nur wenige Siedlungsspuren, kein geschlossenes Areal, auf den Saaleterrassen nachgewiesen. Während der Zeit der Völkerwanderung lag das Gebiet der mittleren Saale zwar im Herrschaftsbereich der Thüringer, nach der Zerschlagung ihres Königreiches 531 wurde es jedoch durch östlich der Saale einwandernde Slawen geprägt, die in engen Kontakt zu der thüringisch-fränkischen Bevölkerung traten. Die Zuwanderung von Slawen vor allem ab dem 7./8. Jahrhundert zeigt sich sowohl in Funden als auch in den Orts- und Flurnamen. Mit dem 10./11. Jahrhundert hielt das Christentum Einzug im Mittleren Saaletal.

2 „Burgen stolz und kühn"
Die Jenaer Burgen

Mit der Lobdeburg, den Hausbergburgen und der Kunitzburg gab es einst drei Burganlagen, die den Zugang zu Stadt und Saale kontrollierten. Keine davon ist in ihrer einstigen Gestalt erhalten, doch noch immer kann man ihrer wechselvollen Vergangenheit nachspüren.

Die bergigen Hänge des Saaletals, durch das der wichtige Handelsweg von Erfurt nach Altenburg und Leipzig führte, waren für den Burgenbau bestens geeignet. Von der Lobdeburg aus, heute eine weithin sichtbare Ruine, waren Saale-, Roda- und Leutratal gut zu überwachen. Sie gehörte zum Stammsitz der Lobdeburger, die als Herren von Auhausen und kaiserliche Ministerialen aus Franken kamen und sich dann nach der Burg benannten. Sie wurden die Herren über Jena und stiegen zu einem der mächtigsten Feudalgeschlechter im Gebiet der Saale auf. Die 1166 erstmals erwähnte Burg, ein spätromanischer dreigeschossiger Wohnturm mit Kapellenerker, war die mittlere von drei zusammengehörigen Burgen. Mitte des 14. Jahrhunderts gerieten die Lobdeburger unter die Lehnshoheit der Wettiner. 1450 von Wilhelm von Sachsen erobert, verfiel die Burg. Unbewohnt wurde sie im 16. Jahrhundert als Steinbruch genutzt. Um 1865 gab es die ersten Sicherungsmaßnahmen der Ruine, von 1998 bis 2005 erfolgte eine Notsicherung und 2018/19 konnte die Sanierung des Palas abgeschlossen werden. Gesichert wurden Mauerzüge, die dreistöckige Wohnturmruine und die Ruine des Palas mit romanischen Fensterarkaden. Auch Reste eines Wachturmes, eines Kamins und der Toranlage sind erhalten. Die Burganlage gehört zu den schönsten aus der Stauferzeit in Thüringen.

Von der oberen Burg, die im Sächsischen Bruderkrieg 1450 von Herzog Wilhelm von Sachsen zerstört wurde, existieren noch Wall- und Grabenreste. Die untere Burg, Besitz der Burgauer Linie der Lobdeburger, könnte als Wasserburg in Lobeda gestanden haben. Auch sie wurde 1450 zerstört. An ihrer Stelle befindet sich heute ein Rittergut mit dreigeschossigem Gebäudetrakt und achteckigem Treppenturm. Die von den Lobdeburgern um 1100 errichtete Niederungsburg Burgau ist völlig verschwunden. An ihrer Stelle erhebt sich die Anfang des 20. Jahrhunderts errichtete Binderburg.

Auf dem Hausberg, oberhalb des alten Saaleübergangs, befanden sich vier Burganlagen: Greifberg, Windberg und Kirchberg I und II. Der Greifberg war 1156 im Besitz des edelfreien Geschlechts derer von Greifberg, im 13. Jahrhundert waren sie Ministeriale der Burggrafen. 1345 mussten sie die Burg an die Wettiner abtreten, die Anlage, von der nur noch einige Gräben sichtbar sind, verfiel. Ein ähnliches Schicksal erlitt auch Windberg, die 1279 erstmals erwähnte, westlichste Anlage. Hier residierten die Herren von Kapellendorf, eines der ersten Grafengeschlechter Thüringens, als Burggrafen. Im

Ruine der mittleren Lobdeburg auf einem Ausläufer der Hochebene der Wöllmisse.

Jahr 1304 von den Erfurtern erobert und an die Schwarzburger verkauft, geriet die Burg schließlich an die Wettiner, die sie um 1450 aufgaben. Die heute nicht mehr vorhandene älteste der Hausbergburgen, 937 erstmals erwähnt, ist die Kirchberg. Sie hatte die Funktion einer Königspfalz, mehrere Aufenthalte der ottonischen Herrscher sind bezeugt. Verwaltet wurde die Burg von den Burggrafen von Kirchberg. 1348 gelangte die Burg an die Wettiner, die nahe dieser Burg eine zweite gleichen Namens errichten ließen. Sie verlor an Bedeutung und verfiel. Nur der mehrfach restaurierte Bergfried, eines der Sieben Wunder Jenas, blieb erhalten. Zusammen mit dem im 19. Jahrhundert errichteten Fuchsturmhaus ist er heute ein beliebtes Ausflugsziel.

Im Norden Jenas thront über der Saale die Kunitzburg (Burg Gleisberg). Die 1133 bezeugte Burg war 1158 mit Reichsministerialen besetzt, die sich nach der Burg Gleisberg nannten. Nach mehrfachem Besitzerwechsel gelangte die Burg 1398 an die Wettiner. Als die Vitzthume von hier aus Raubzüge unternahmen, stürmte Wilhelm von Sachsen 1451 die Burg. Erhalten blieben Mauerreste mit Fenstern und Sitznischen des Wohnbaus, Reste eines Turms, der Stumpf des Bergfrieds und ein teils ausgegrabener Brunnen.

3 „... und ein Wein wächst auf den Bergen"
Weinstadt Jena

Jena war einst eine blühende Weinbauernstadt, auch wenn der hiesige Wein nicht jedermanns Geschmack traf. Luther soll ihn mit Essig gleichgesetzt haben und selbst trinkfreudige Studenten frotzelten, er tauge eher zum „Strümpfeflicken". Aber Jenaer Wein war besser als sein landläufiger Ruf; in allen deutschen Landen begehrt, war er schon im Mittelalter ein Exportschlager.

Wein gehört zu den ältesten Kulturgütern der Menschheit, sein Anbau ist seit dem 6. Jahrtausend v. Chr. bezeugt. Bis heute kommt ihm eine bedeutende Rolle zu: als landwirtschaftliches Erzeugnis in der Wirtschaft, in der Medizin, zudem im sozialen und rituellen Leben. Wo immer möglich, wurde Wein angebaut, auch in Thüringen. Für Städte und Klöster stellte der Weinanbau bereits im Mittelalter eine wichtige Einnahmequelle dar.

Jenas klimatisch günstige Lage im Saaletal, warme Muschelkalkböden und sonnige Hänge boten ideale Voraussetzungen für den Weinanbau, der bis zur Eröffnung der Universität der wichtigste Erwerbszweig der Stadt war. Der älteste urkundliche Beleg für den kommerziellen Weinbau in Jena stammt aus dem Jahr 1182. Nicht lange danach dürfte der planmäßige Anbau in Zwätzen und am Jenzig erfolgt sein. Seit 1275 verweisen Weintrauben in den Wappen der Stadt auf den einst blühenden Weinhandel.

Wurde Wein zunächst vorrangig in Klöstern und auf adligen Weinbergen angebaut, nutzten bald auch Bürger die gute Lage Jenas dafür. Entweder verpachteten sie Anbauflächen an Bauern der umliegenden Dörfer oder sie bewirtschafteten sie selbst. Nicht wenige von ihnen besaßen sogenannte Weinbauernhöfe in der Innenstadt, in denen sie ihren Wein ausschenken durften. Darüber hinaus wurde Jenaer Wein in den damals noch zahlreichen Gasthäusern der Stadt angeboten. Ein sogenanntes Schankzeichen zeigte an, wann Wein ausgeschenkt wurde. Steckte in der runden Öffnung neben der Eingangstür ein grüner Tannenkranz, gab es frischen Wein, steckte ein Krautstrunk darin, gab es nur Most. Ein solches Schankzeichen befindet sich z. B. an der ehemaligen Universitätsschenke „Zur Rosen", die das Privileg besaß, Wein und Bier sogar steuerfrei auszuschenken. Auf den Ausschank von Wein verweisen zudem das Schild am Fuchsturmhaus mit der Darstellung eines Fuchses, der versucht Weintrauben zu erreichen, oder der Rabe mit der Traube an der ehemaligen Weinstube „Rabenburg" in der Neugasse. Zeichen dieser Art gibt es viele in Jena zu entdecken. Daneben bezeugen gut erhaltene Kelleranlagen oder Gaststätten-, Straßen- und Flurnamen, wie „Weinbergstraße", „An der Kelter" und „Weinperle", ebenso wie historische Grenzsteine (z. B. im Münchenrodaer Grund) den einst florierenden Weinbau. Im 15./16. Jahrhundert betrug die Weinanbaufläche in und um Jena immerhin mehr als 700 Hektar.

Dass der Wein besser war als sein landläufiger Ruf, liegt nahe, denn er wurde in fast alle deutschen Länder exportiert. Sogar in „Auerbachs Keller“ zu Leipzig soll Jenaer Wein ausgeschenkt worden sein.

Mit dem Aufschwung der Universität verlor der Weinbau als Einnahmequelle für die Stadt und ihre Bürger an Attraktivität. Die allgemeine Krise des mitteleuropäischen Weinbaus im 16. Jahrhundert und der Dreißigjährige Krieg taten ihr Übriges, größere Anbaugebiete verfielen. Nach der Reblausplage 1863 wurde in Jena kaum noch Wein angebaut.

Der Verein Weinberg Zwätzen e. V. belebte den Jenaer Weinbau ab 1976 auf dem Käuzchenberg wieder. 1981 erzielte man mit den Sorten Müller-Thurgau und Blauer Portugieser sogar nennenswerte Erträge. Heute werden am Käuzchenberg Müller-Thurgau, Weißburgunder, Blauer Portugieser und Dornfelder geerntet. Seit den 2000er-Jahren wird vor den Toren Jenas in Kunitz und Golmsdorf auch wieder ganz professionell Wein angebaut; und das mit solchem Erfolg, dass die Anbauflächen immer noch erweitert werden.

Weinlese am Käuzchenberg in Zwätzen.

4 Zisterzienser und Reformation

Die Stadtkirche St. Michael und das Michaeliskloster

Die spätgotische Stadtkirche St. Michael gilt als eine der größten und originellsten Stadtkirchen Thüringens. Sie ist der bedeutendste Sakralbau Jenas, darüber hinaus eindrucksvoller Erinnerungsort der Reformation. Im Herbst 1989 gaben auch hier Friedensgebete den Anstoß zur Friedlichen Revolution.

Die Haupt- und Stadtkirche Jenas geht, wie archäologische Untersuchungen in den 1950er-Jahren nachgewiesen haben, auf zwei steinerne romanische Vorgängerbauten des 7./8. und 11. oder frühen 12. Jahrhunderts zurück. Als erste Kirche Thüringens war sie dem heiligen Michael geweiht. Der Drachentöter ist seit dem 13. Jahrhundert der Schutzpatron Jenas und die zentrale Figur im Wappen der Stadt. Die Holzskulptur des Heiligen wurde um 1240 von einem Schnitzer der Bamberger Dombau-Werkstatt gefertigt, sie befindet sich heute an einem Strebepfeiler in St. Michael. Der früheste Hinweis auf die Existenz der Kirche liegt für das Jahr 1252 vor. Erstmals urkundlich erwähnt wurde sie im Jahr 1295, als sie die Brüder Albert und Hermann von Lobdeburg mit zugehörigem Pfarramt dem von ihren Ahnen gestifteten Nonnenkloster zu Roda überließen. 1301 bestätigte Markgraf Friedrich von Thüringen die Überlassung. Die Stadtkirche in ihrer gegenwärtigen Gestalt wurde Ende des 14. bis zur Mitte des 16. Jahrhunderts errichtet. Rückschlüsse auf die Erbauungszeit legen Inschriften zwischen 1406 und 1486 nahe. Die Bauweise zeigt mehr Ähnlichkeit mit der böhmischen Sakralarchitektur als mit dem in Thüringen üblichen Kirchenbau.

Die prächtige Schauansicht der Stadtkirche ist mit zwei Portalen im Langhaus zum Kirchplatz hin ausgerichtet. Das Hauptportal ist das besonders schmuckvolle Brautportal, durch das Paare aus begüterten Familien die Kirche betraten, um das Sakrament der Ehe zu empfangen. Das Portal war zudem Ort für feierliche Rechtsakte der Stadt. An der Südseite befindet sich ein schlichteres zweites Portal, das Fenster- oder Gerichtsportal. Hier überwachte einst die Figur des heiligen Michael die Vorgänge des Gnadengerichts, das unter freiem Himmel in der Nähe des Prangers stattfand. Der Chordurchgang unter dem Altar der Kirche, der begeh- und befahrbar war, ist eines der legendären Sieben Wunder Jenas. Ursprünglich erlaubte er den Zugang zu dem dahinterliegenden Friedhof und dem 1290 gegründeten Kloster der Zisterzienserinnen, dessen Orden ab dem Ende des 13. Jahrhunderts auch die Patronatsrechte über die Kirche besaß. Damit war St. Michael sowohl städtische Pfarrkirche als auch die Kirche des sich unmittelbar daran anschließenden Klosters. Als erste Äbtissin wirkte

Blick auf Chor und Altar der Stadtkirche.

eine Schwester der Lobdeburger Brüder Albert und Hermann. 1525 wurde das Kloster aufgelöst und in eine Schule umgewandelt, aus der später die Bürgerschule entstand. Von dem einst größten Kloster im Stadtgebiet ist nichts mehr erhalten.

St. Michael hingegen blieb auch weiter der Mittelpunkt des geistlichen Lebens der Stadt. 1558 fand hier die feierliche Verkündung des kaiserlichen Privilegs zur Eröffnung der Universität statt. Mit dem Epitaph Luthers und der Kanzel, von der er mehrfach gepredigt hatte, wurde St. Michael zugleich ein Gedächtnisort der Reformation. Die im Auftrag Johann Friedrichs I. gefertigte Grabplatte Luthers – ein aus Bronze gegossenes zweiteiliges Bildnis nach einem Entwurf von Lucas Cranach d. Ä. – war in Erfurt gefertigt worden und für Luthers Grab in der Schlosskirche zu Wittenberg bestimmt. In den Wirren des Schmalkaldischen Krieges kam sie dort nie an. 1571 veranlasste Herzog Johann Wilhelm von Sachsen-Weimar ihre Aufstellung in der Jenaer Stadtkirche, Luther und seiner Lehre zum Gedächtnis.

Auch die Stadtkirche erlitt bei der Bombardierung 1945 schwere Schäden, u. a. wurde die Turmhaube beschädigt und das Dach brannte ab. Zehn Jahre später konnte die provisorisch erneuerte Kirche wieder ihrer Bestimmung zugeführt werden. Erst mit der Gründung des Jenaer Kirchbauvereins 1996 wurde die umfassende Sanierung der Stadtkirche in Angriff genommen. Zwischen 1998 und 2014 erfolgte die detailgetreue Restaurierung mit einem ersten Höhepunkt im Jahr 2000, als St. Michael wieder die charakteristische Renaissance-Haube erhielt. 2014 war die aufwändige Innensanierung abgeschlossen. Inzwischen präsentiert sich auch die Schauseite in ihrem Originalzustand.

5 Vom Dominikanerkloster zur Universität
Das Collegium Jenense

Das Collegium Jenense kann auf eine wechselvolle und spannende Geschichte zurückblicken. Als Dominikanerkloster gestiftet, avancierte es zum Gründungsort der Jenaer Universität, die das Gelände bis heute für den akademischen Unterricht nutzt.

Mitten im historischen Zentrum der Stadt, zwischen Teichgraben und Kollegiengasse, befindet sich das Collegium Jenense, ein Ort mit mehr als 730 Jahren Geschichte. An deren Anfang stand 1286 die Gründung des an der Südwestecke der Stadt gelegenen Dominikanerklosters, der ersten klösterlichen Niederlassung in Jena. Gestiftet wurde sie von den Brüdern Albert und Hermann von Lobdeburg, den Herren der Stadt. In die Zuständigkeit des Klosters fiel auch die Predigt für die Stadt. Das änderte sich mit dem Einzug der Reformation in Jena.

Im August 1522 drang eine kleine Gruppe um Martin Reinhard, einem Anhänger Karlstadts (Andreas Bodenstein), gewaltsam in das Kloster ein; ein Jahr später verhängte er als Pfarrer der Stadtkirche den Bann über die Dominikaner. Als die Bürger Jenas 1525 das Kloster stürmten, verließen die Mönche das Kloster, nachdem der Orden mit der Stadt einen Vergleich geschlossen hatte. Neues Leben kehrte erst 1548 mit der Gründung der Hohen Schule wieder ein.

Das Dominikanerkloster hatte den Ernestinern schon in Zeiten der Pest als Ausweichort für die Wittenberger Universität gedient. Nachdem Johann Friedrich I. den Schmalkaldischen Krieg 1547 und damit auch die Universität Wittenberg verloren hatte, wurde das Kloster Gründungsort der 1548 ins Leben gerufenen Hohen Schule zu Jena. 1549 überführte man die Electoralis, die kurfürstliche Bibliothek, von Weimar hierher. Am 15. August 1557 fertigte die Kanzlei Ferdinands I. in Wien das Privileg für die Erhebung der Hohen Schule in den Stand einer Universität aus, das im Februar 1558 in Jena eintraf.

Unter Leitung des Baumeisters Niklas Gromann erfolgte 1557/58 der grundlegende Umbau des Klosters. Die Klosterkirche, eine schmuck- und turmlose gotische Bettelordenskirche, wurde nun der Mittelpunkt des akademischen Areals. Mit Zwischendecken und Trennwänden entstanden 33 beheizbare Stuben mit beigeordneten Schlafkammern für Studenten, aber auch Karzerräume zur Disziplinierung der Studenten. Von 1592 bis 1594 erfolgte der Rückbau der Kirche, die von 1595 bis zur Mitte des 19. Jahrhunderts wieder für Gottesdienste, Festakte der Universität und als Übungsraum für Predigten genutzt wurde. Darüber hinaus war sie Grablege der Professoren und ihrer Familien sowie adliger Studenten, wie die vollständige Ausgrabung des Areals zwischen 1947 und 1958 belegt. Die letzten Wandgräber wurden kurz nach 1800 eingefügt. Diese Funde werden seit 2018 zusammen mit der erhaltenen schriftlichen Überlieferung zu den Anfängen der

Gebäudeensemble der Universität um 1660.

Universität und den baulichen Gegebenheiten interdisziplinär aufgearbeitet.

Im 17. und 18. Jahrhundert war die einfach ausgestattete Kirchenhalle mit zahlreichen prunkvollen Epitaphien für die hier bestatteten Universitätsangehörigen ausgeschmückt worden. Davon sind nur wenige Stücke erhalten. In der zweiten Hälfte des 17. Jahrhunderts hatte Erhard Weigel ein neues Torhaus im Collegium Jenense bauen lassen, auf dem er eine Plattform für astronomische Beobachtungen einrichtete.

Mit zunehmenden Studentenzahlen erwies sich das Collegium Jenense schließlich als zu klein. Deshalb wurde ab 1858 die Alte Wucherei am Fürstengraben, vor der auch ein Denkmal für Ernst Abbe steht, als Hauptgebäude der Universität genutzt.

Ein amerikanischer Bombenangriff auf Jena zerstörte 1945 auch die Universitätskirche, das „Herzstück“ der Salana, bis auf wenige Außenmauerteile, das Portal und den 1594 von Gromann angebauten Renaissance-Treppenturm.

Der in den 1960er-Jahren gefasste Plan, den Gebäudekomplex ohne Rücksicht auf die Gründungsstätte der Universität zu sprengen und an dieser Stelle ein Stadt- und Universitätsmuseum zu errichten, wurde nicht realisiert.

Heute wird das Gelände des Collegium Jenense als Institut für Anatomie der Medizinischen Fakultät genutzt. Im Refektorium des ehemaligen Klosters befindet sich die Anatomische Sammlung der Universität mit bedeutenden Exponaten der Medizingeschichte.

6 Ruhepol inmitten der Stadt
Johannisfriedhof und Friedenskirche

Einst außerhalb der Stadtmauern gelegen, ist der Johannisfriedhof heute ein Kleinod mitten in der pulsierenden Stadt. Die Grabsteine bekannter und weniger bekannter Persönlichkeiten des 16. bis 20. Jahrhunderts verweisen auf private Schicksale und historisches Geschehen.

„Hier in Jena ist ein sehr schöner Friedhof, durch den jetzt unerhörterweise eine Straße gelegt werden soll; allerdings besteht der Reiz weniger in besonders schönen Grabmälern als in dem Gewirr von Büschen und Bäumen ...", schrieb die Dichterin Ricarda Huch 1937. Die besagte Straße, heute die nach Weimar führende B7, wurde kurz darauf gebaut und damit das Friedhofsgelände, das sich bis zur Wagnergasse erstreckte, deutlich kleiner. Das „Gewirr von Büschen und Bäumen", die grüne Oase inmitten der Stadt, ist bis heute geblieben; ein parkähnliches Areal mit alten Laubbäumen, Alleen und efeubewachsenen Gräbern.

Urkundlich bezeugt ist der Friedhof im Jahr 1307 als „Friedhof des Dorfes Leutra" vor den Toren der Stadt Jena. Er könnte damit das älteste Friedhofsgelände Thüringens sein. Auf 1484 datiert das älteste Zeitzeugnis, die Doppelstationstafel als Kreuzwegstation. Die älteste erhaltene Grabtafel ist die Renaissancegrabtafel des Ehepaares Herwagen, das 1556 bzw. 1559 starb, die letzte Beerdigung gab es 1950. Seit 1981 ist der Johannisfriedhof als Denkmal geschützt, einer der 30 heute anerkannten historisch bedeutsamen Friedhöfe Deutschlands.

Wer Jenas Geschichte nachspüren möchte, dem eröffnet sich mit den Grablegen bzw. Grabtafeln ein weites Feld. Der engere Freundeskreis von Schiller und Goethe ist u. a. mit dem Theologen Johann Jacob Griesbach (†1812), dem Verleger Frommann (†1837), dessen Haus am Fürstengraben Treffpunkt der Dichter und Denker der Klassik und Romantik war, mit Goethes „Urfreund" Karl Ludwig von Knebel (†1834) und dem durch Goethe berufenen Chemiker Johann Wolfgang Döbereiner (†1849) vertreten. Das private Umfeld Schillers findet sich mit Caroline von Wolzogen, geb. von Lengefeld (†1847), seine Schwägerin, enge Vertraute und erste Biographin. Auch Johanna Schopenhauer (†1838), seinerzeit eine vielgelesene Dichterin, Mutter des Philosophen Arthur Schopenhauer, fand hier ihre letzte Ruhe, nicht zu vergessen Carl Zeiss (†1888), der Gründer der Zeiss-Werke.

Ursprünglich besaß der Johannisfriedhof zwei Kirchen. Die ältere war ab der Reformation die Begräbniskapelle der Stadt. Als Geschenk der Stadt 1811 der katholischen Gemeinde übereignet, wurde sie 1822 als Pfarrkirche Johannes Baptist geweiht. Die Bauzeit der zweiten Kirche datiert auf 1686 bis 1693. Sie ist in einfachem Barockstil gehalten und heute über die Wagnergasse zu betreten. Nach ihrem Auftraggeber Herzog Johann Georg I. von Sachsen-Eisenach, Vormund des unmündigen Jenaer Prinzen Johann Wilhelm von Sachsen-Jena,

Blick über die Ostseite des Johannisfriedhofes.

nannte man sie Johann-Georgs-Kirche. Mit der Zuweisung der Kirche 1743 an die neu aufgestellte Jenaer Garnison hieß sie Garnisonskirche. Nach dem Ende des Zweiten Weltkrieges wurde sie wegweisend in Friedenskirche umbenannt. Zusammen mit dem 1836 errichteten Gärtnerhaus bildet sie heute das Gemeindezentrum der evangelischen Ortsgemeinde, die auch Gottesdienste abhält und Veranstaltungen organisiert.

Mit dem wirtschaftlichen Aufschwung und der damit enorm gewachsenen Stadtgemeinde erreichte der Johannisfriedhof in den 1880er-Jahren die Grenzen seiner Kapazität. So wurde 1884 im Norden der Stadt mit einer Fläche von 22 Hektar der Nordfriedhof als städtischer Friedhof eröffnet. Auch dieser Friedhof im Munketal war als weitläufige parkähnliche Gartenanlage konzipiert worden. Ein großer Teil davon steht ebenfalls unter Denkmalschutz. 1889 fand in der heute noch genutzten Feierhalle die erste Trauerfeier statt. Acht Jahre später wurde auf dem Friedhofsgelände das erste Krematorium gebaut, es war das fünfte in ganz Deutschland. Seit 2016 ersetzt ein Neubau das alte Krematorium.

Unter den mehr als 9.000 Gräbern befinden sich Ehrengrabstätten, schützenswerte Grabstätten und Gräber der Opfer von Krieg und Gewalt unterschiedlicher Nationen. Das bekannteste Grab dürfte das von Ernst Abbe (†1905) sein, aber auch Hermann Pistor (†1951), Nestor der modernen Augenoptik, der Physiker Max Steenbeck (†1981) und der Bürgerrechtler Matthias Domaschk (†1981) fanden hier ihre letzte Ruhestätte.

7 Hoch hinaus auf alten Bohlen
Innovative Architektur in Jena

Mit wachen Augen sind in Jena viele interessante Gebäude zu entdecken – seien es die Kirchen, die restaurierten historischen Gebäude, die kompakte Industriearchitektur, das Planetarium oder auch der alles überragende Jentower.

Bis zur Industrialisierung bewegten sich in Jena die Bauvorhaben nicht weit über die Stadtmauer hinaus, da die Einwohnerzahl relativ konstant blieb. Trotzdem entstanden signifikante Gebäude. Das Rathaus, 1365 erstmals erwähnt, zählt zu den ältesten erhaltenen Profanbauten dieser Art in Deutschland. Die im Zeitraum von 1386 bis 1556 errichtete Kirche St. Michael ist einer der größten und originellsten Sakralbauten in Thüringen. Zahlreiche große Bürgerhäuser mit Bohlenstuben sind vor allem für das 16. Jahrhundert nachweisbar. Diese rauchfreien Stuben, die von einem angrenzenden Raum aus beheizt werden konnten, sind vollkommen mit Holz ausgekleidet und waren oft der einzige warme Raum im Haus. Heute kann man sie z. B. noch im Weinbauernhaus „Haus im Sack“ in der Oberlauengasse bewundern. In den Jahren des Jenaer Herzogtums boomte nicht nur der Schlossbau, auch repräsentative barocke Bürgerhäuser mit aufwändigen Fassaden, Stuckdecken und barocken Treppenanlagen zierten ab dem 17. und 18. Jahrhundert die Innenstadt. Fast alle fielen jedoch 1945 den Bombenangriffen zum Opfer.

Mit der Ansiedlung der Feinmechanik-, Optik- und Glasindustrie seit 1880 wandelte sich der Charakter Jenas von einer kleinen Universitäts- zur Industriestadt. Unmittelbar vor dem kleinteilig bebauten Zentrum wuchs das Zeiss-Hauptwerk als geschlossenes Viertel mit mehrgeschossigen großen Gebäuden. Seit 1906 wendeten die Architekten dafür die neue Stahlbetonskelettbauweise an. Im Werkhof ragt hier seit 1915 das erste Hochhaus in Thüringen mit 42 Metern Höhe in den Himmel. Weit über Jena hinaus verbreitete sich das patentierte Zeiss-Dywidag-System, mit dem freitragende Kuppeln in weitgespannter, stützenfreier Bauweise errichtet werden. Täglich auch von innen zu bewundern ist diese im Jenaer Planetarium, das 1926 seine Türen öffnete.

Die schnell wachsende Bevölkerung erforderte die Planung neuer Wohnviertel. Beginnend mit Villenvierteln unter dem Westbahnhof und am Landgrafen wuchsen auch Mietwohnhäuser im Damenviertel und von Baugenossenschaften, z. B. die „Heimstättensiedlung“, an den Berghängen. In den 1920er-Jahren fassten Bauhausarchitekten wie Walter Gropius, Adolf Meyer, Ernst Neufert und Otto Bartning in Jena Fuß. Als öffentliche Aufträge entstanden 1922 das Stadttheater (1987 abgerissen), 1929 das Abbeanum am Fröbelstieg 1 sowie die Mensa, das „Studentenhaus“ am Philosophenweg 20. Wie diese stehen die von Gropius im Baukastensystem konzipierten privaten Gebäude „Haus Auerbach“ in der Schaefferstraße 9

Kino „Capitol" am Löbdergraben nach seiner Eröffnung 1927.

und die „Villa Zuckerkandl" in der Weinbergstraße 4a heute unter Denkmalschutz.

40 Jahre lang prägte ab 1919 das Architekturbüro „Schreiter und Schlag" mit mehr als 200 modernen Gebäuden das Stadtbild. Das Planetarium und das ehemalige Kino „Capitol" am Löbdergraben gehören dazu.

Im Frühjahr 1945 zerstörten amerikanische Bomben große Teile der Innenstadt. Eine komplette Neubebauung des Zentrums sollte ab 1968 nach sozialistischen Vorstellungen als „Jenaer Ensemble" entstehen. Anstelle der dafür abgerissenen Altbausubstanz wurde nur der nach dem Entwurf von Hermann Henselmann in den Jahren 1969 bis 1972 fertiggestellte Turm mit einer Höhe von 121 Metern in Stahlbetongleitweise errichtet. Ursprünglich sollte er als Forschungsneubau 71 für das Kombinat VEB Carl Zeiss Jena dienen. Weil er sich dafür jedoch als ungeeignet erwies, nutzte ihn seit 1972 die Universität. Von 1999 bis 2003 saniert und umgebaut, prägt er bis heute das Stadtbild.

Aus der Menge der Neubauten nach 1989 ragen die modernen Zweckbauten von naturwissenschaftlichen Instituten und Firmen am Beutenberg-Campus in Jenas Südwesten heraus.

8 Ein Haus auf der Brücke
Jenas Saalebrücken

Innerhalb des Stadtgebietes führen heute, zwischen dem 15. und 21. Jahrhundert errichtet, 19 Brücken über die Saale. Sie legen Zeugnis ab von der Geschichte der Stadt, der Entwicklung des städtischen Verkehrs, aber auch von der Leistung der Architekten.

Zwischen der ältesten Saalebrücke, der Camsdorfer, und der jüngsten Brücke über die Autobahn A4 liegen etwa 600 Jahre; ein Zeitraum, in dem sich Jena von einem kleinen Weinbauernstädtchen zu einer modernen Hightech-Stadt entwickelte, in der Pferde- oder Ochsenfuhrwerke durch Eisenbahn, Auto und Lkw ersetzt wurden. Die im Laufe der Jahrhunderte errichteten Brücken über die Saale spiegeln diese Entwicklung in anschaulicher Weise wider. Heute führen 19 kleinere und größere Brücken über den Fluss: für Fußgänger und Radfahrer, für Straßen- und Eisenbahnen, für Autos aller Art oder kombinierte Auto-, Rad- und Fußgängerbrücken. Die meisten sind reine Zweckbauten, andere sind auch architektonische Highlights.

Die erste Brücke, welche die Saale von Süden kommend überspannt, verbindet die Ortsteile Maua und Rutha. Als letzte Saalebrücke quert die Straßenbrücke in Kunitz das Stadtgebiet. Die zweigeteilte Paradiesbrücke, die von Lobeda ins Zentrum führt, ist die am stärksten frequentierte Brücke über die Saale.

Die längste Brücke ihrer Art in Deutschland ist die 794 Meter lange, mit Kalksteinmauerwerk verkleidete Gewölbebrücke, als Abschnitt der Reichsautobahn Berlin-Frankfurt zwischen 1938 und 1941 errichtet. Wie die meisten Saalebrücken wurde sie im April 1945 vor Einmarsch der Amerikaner teilweise gesprengt, von 1952 bis 1954 erfolgte der detailgetreue Wiederaufbau. Nachdem fünf Meter neben ihr die neue Autobahnbrücke fertiggestellt war, konnte sie von 2007 bis 2009 grundlegend saniert und den modernen Erfordernissen entsprechend umgebaut werden. Dieser parallel verlaufende Bau, von 2003 bis 2006 realisiert, erfolgte im Rahmen des Verkehrsprojekts Deutsche Einheit Nr. 15. Die 726 Meter lange Spannbetonbrücke für die Richtungsfahrbahn Eisenach-Dresden besteht aus 18 Y-Pfeilern unterschiedlicher Größe. Diese architektonische Meisterleistung wurde 2008 mit der Nominierung für den Deutschen Brückenbaupreis in der Kategorie Straßen- und Eisenbahnbrücken gewürdigt.

Die Camsdorfer Brücke mit ihren neun Bögen, die älteste Steinbogenbrücke über die Saale, gehört zu den Sieben Wundern Jenas. Um 1480 ersetzte sie den hölzernen Vorgängerbau, die lange Zeit einzige Möglichkeit, die Stadt von Osten zu erreichen. Wegen des zunehmenden Verkehrs und der Notwendigkeit von Straßenbahngleisen musste sie 1912/13 komplett erneuert werden. 1922 wurde in dem kleinen Pavillon auf dem Südwestpfeiler der Brücke die Statue des Erzengels Michael, Schutzpatron Jenas, aufgestellt. 1945 in großen Teilen zerstört und 1946

Erinnerungsblatt an die 1912 abgerissene Camsdorfer Brücke und deren Neubau.

wiederaufgebaut, hielt die Brück lange Zeit dem Verkehr stand, ehe sie 2004/2005 rekonstruiert und grundhaft saniert wurde.

Die 142,4 Meter lange alte Burgauer Brücke wurde einst als hölzerne Verbindung der Lobdeburger Besitzungen in Burgau errichtet und 1534 durch eine steinerne Brücke ersetzt. Im Dreißigjährigen Krieg zerstört, baute man sie 1706 wieder auf. Bis zum Bau der neuen Saalebrücke in den 1930er-Jahren führte der gesamte Verkehr von und nach Lobeda über diese Brücke. Nach der Zerstörung von drei der Brückenbögen 1945 durch die Wehrmacht wurde der Saaleübergang durch eine provisorische Holzkonstruktion für Fußgänger gewährleistet. Den Abriss der inzwischen maroden Brücke verhinderte u. a. das Engagement des Vereins zur Rettung der alten Saalebrücke Jena-Burgau e. V., der auch den Wiederaufbau ermöglichte. So blieb die Brücke als einziges Zeugnis des mittelalterlichen Brückenbaus in Jena erhalten. Seit 2004 wird sie als Fuß- und Radweg genutzt.

Die Kunitzer Hausbrücke, 1832 u. a. durch Gottfried Semper, den Erbauer der Dresdner Oper, initiiert, zerstörte 1945 die Wehrmacht. 2012 konnte sie durch das Engagement des Kunitzer Brückenbauvereins ein zweites Leben erfahren. Sie ist die einzige die Saale überspannende Holzbrücke.

9 „Zimmer mit reizender Aussicht“ Jenas traditionsreichstes Hotel „Schwarzer Bär“

Kaum ein anderes Hotel Jenas kann auf eine so lange historische Tradition verweisen wie der „Schwarze Bär“, der bereits 1498 im Erbregister der Stadt bezeugt ist. Im Laufe der Jahrhunderte kehrten hier bedeutende Persönlichkeiten aus Kultur und Politik ein.

Es ist wohl das älteste Hotel Jenas, der „Schwarze Bär“, am Zentrum der Stadt gelegen. 1498 erstmals als Gasthaus bezeugt, konnte das Haus bis heute auf hohem Niveau seine Gäste beherbergen und bewirten, offen für jedermann. Doch im Gedächtnis geblieben sind vor allem die prominenten Gäste, die im Laufe der Jahrhunderte hier logierten. Sie schrieben Geschichte, waren Pioniere der Naturwissenschaften, herausragende Dichter oder Musiker.

Der „Bär“ ist erstmals 1498 im Erbregister der Stadt beurkundet. Er war eine unbedeutende Herberge mit Ausschank, als 1522 der erste damals wie heute populäre Gast einkehrte: Martin Luther, inkognito als Junker Jörg unterwegs. Der vom Wormser Reichstag Geächtete war auf dem Weg von der Wartburg, wohin ihn Kurfürst Friedrich der Weise in Sicherheit hatte bringen lassen, nach Wittenberg. Hier erforderten die Bilderstürmer um Karlstadt sein Eingreifen, gefährdeten sie doch Luthers Reformen. Im „Bären“ hatte er u. a. mit zwei Schweizer Studenten disputiert, die in ihm erst später in Wittenberg den berühmten Reformator wiedererkannten. Im August 1524 übernachtete Luther erneut in Jena, wieder war es Karlstadt, der ihn hierhergeführt hatte. Mit ihm gab es am 22. August im „Bären“ ein heftiges Streitgespräch (siehe Seite 28). Auch in den nachfolgenden Jahren logierte Luther, wenn ihn seine Reisen durch Jena führten, im „Bären“, schon damals ein stattliches dreigeschossiges Gebäude. Das Haus verfügte offiziell nur über fünf Betten, war aber mit allerlei Besitz ausgestattet. Im Jahr 1700 umfasste dieser u. a. Scheune, Garten sowie 44 Äcker, Wein- und Hopfenberge.

Mit der Schlacht bei Jena und Auerstedt 1806 wurde das Gasthaus zum Lazarett, diente aber auch als Versteck für mehr als 30 Jenaer Bürger vor dem Zugriff der napoleonischen Soldaten. Nachdem die Kriegsschäden behoben waren, kehrten im „Bären” wieder Gäste ein.

Nur einmal, am 7. Oktober 1827, übernachtete Goethe zusammen mit seinem Sekretär Eckermann im „Bären“.

Im August 1858 logierte der Dichter Fritz Reuter, ehemals Student in Jena, als Gast der Feierlichkeiten zum 300. Universitätsjubiläum in dem „historisch wichtigen Gasthof“. Wenige Zeit später wurde der „Bär“ die „Stammkneipe“ des Naturwissenschaftlers Ernst Haeckel, der hier als häufiger Gast „ein allerliebstes Zimmer mit reizender Aussicht auf die

Das Hotel „Schwarzer Bär" am Fürstengraben.

Saale und eine Mühle auf dem Berge" bewohnte. Nach drei Jahren Studium und Habilitation in Jena war er von 1862 bis 1909 Professor für Zoologie an der hiesigen Universität. Das „Bären"-Domizil gab er mit seiner Heirat 1862 auf.

Um 1890 wurde der „Bärentisch" eingeführt, ein Kreis, der ledigen oder verwitweten Hochschullehrern und deren Gästen vorbehalten war. Die gesellige Runde versammelte sich täglich zum Mittagstisch, vom Wirt großzügig mit Preisnachlass bedacht, war es doch für ihn ein ehrenvoller Besuch, der auch andere Gäste anzog. Der Tisch bestand wohl bis zum Kriegsausbruch 1939.

Im Juli 1892 führte Ernst Haeckel dem „Bären" einen umstrittenen Gast zu: Fürst Otto von Bismarck, der vom Kaiser geächtete Ex-Kanzler, war Ehrengast der Jenaer Professorenschaft. Vom Balkon seines Zimmers hielt er am Abend des 30. Juli eine bewegende Rede an die Jenaer Bürger, die ihn begeistert mit einem Fackelzug ehrten.

Bis 1953 wurde das Restaurant des „Bären" und bis Anfang der 1960er-Jahre das Hotel als Familienbetrieb geführt, danach von der staatlichen HO übernommen. Seit 1991 ist das Haus wieder in privater Hand. Prominente Gäste gab es beständig: Politiker aus Ost und West wie Wilhelm Pieck, Walter Ulbricht, Willy Brandt, Edward Schewardnadse und Hans-Dietrich Genscher, Musiker von Weltrang wie Wilhelm Furtwängler, David und Igor Oistrach oder Kurt Masur, den Pantomimen Marcel Marceau und jüngst den Nobelpreisträger Imre Kertész.

10 Sieben Fuder Wissen

Jenaer Zimelien – die Rara der Universitäts- und Landesbibliothek

Fast 200 kostbare, oft reich illustrierte mittelalterliche Handschriften und ca. 1.300 wertvolle Drucke des 15./16. Jahrhunderts, Zimelien oder Rara genannt, bilden den Grundstock der Thüringischen Universitäts- und Landesbibliothek Jena. Fortlaufend erweitert und zur akademischen Gebrauchsbibliothek umgebaut, ist die Jenaer Bibliothek heute die größte in Thüringen.

Mit dem Besitz kostbarer Handschriften und Drucke repräsentierte man einst Reichtum und Macht. Wer in fürstlichen Kreisen auf sich hielt, sammelte prachtvolle Handschriften oder gab deren Anfertigung in Auftrag. Für Jena bedeutsam wurde die „Bibliotheca Electoralis", die kurfürstliche Bibliothek, die Friedrich der Weise von Sachsen ab etwa 1500 systematisch zusammengetragen und die Georg Spalatin in seinem Auftrag erweitert hatte. Die fürstliche Schlossbibliothek wurde zur Studienbibliothek der 1502 von Friedrich gegründeten Universität Wittenberg. In ihren Beständen hinterließen u. a. Martin Luther und Philipp Melanchthon als Nutzer zahlreiche Anmerkungen. Friedrichs Nachfolger, Johann der Beständige und Johann Friedrich I., setzten die Sammlung fort. Mit der Niederlage Johann Friedrichs I. im Schmalkaldischen Krieg ging zwar die Wittenberger Universität verloren, doch die wertvolle Bibliothek blieb als Teil des beweglichen fürstlichen Besitzes unantastbares privates Eigentum. So wurden im Juni 1547 „sieben Fuder" geballtes Wissen, sieben zweispännige Wagen, bepackt mit in Kisten und Fässern gelagerten Büchern, von Wittenberg nach Weimar überführt, der alten und neuen ernestinischen Residenz. Hier aber fand sich kein geeigneter Ort für die kostbare Ladung. Deshalb wurde der größte Teil davon 1549 nach Jena in das ehemalige Dominikanerkloster, inzwischen Sitz der neu gegründeten Hohen Schule, überführt.

Zu den wertvollsten Handschriften der Electoralis gehören die „Jenaer Liederhandschrift" (um 1330), ein Quedlinburger Evangeliar mit elfenbeingeschmücktem Einband (um 1000), das Jenaer Martyrologium als einziger vollständig erhaltener Textzeuge des ältesten deutschsprachigen Martyrologiums (um 1275) und das Fest-Evangelistar und Fest-Epistolar Friedrichs des Weisen (1507). Darüber hinaus umfasst sie 13 farbenprächtig illuminierte französische Handschriften des 14./15. Jahrhunderts. Unter den Drucken befinden sich wertvolle Erstdrucke von Werken Luthers, wie die prachtvolle, von Hand kolorierte Wittenberger Lutherbibel von 1541, das persönliche Exemplar Johann Friedrichs I.

Die „Jenaer Liederhandschrift" wurde um 1330 als reines Repräsentationsobjekt angefertigt und war, wie die meisten Zimelien, nicht für den Gebrauch bestimmt. Dafür sprechen ihr ungewöhnliches Format von 56 mal 41 Zentimetern, die

Bücherwand der „Bibliotheca Electoralis" mit einer aufgeschlagenen französischsprachigen Handschrift.

auffallend große und schöne Schrift sowie prachtvolle Initialen. Die Handschrift gilt als bedeutendste Sammlung von Sangspruchdichtungen im mitteldeutschen Raum. Den Sprüchen sind – einmalig für diese Zeit – Noten (Neumen) beigefügt, nach denen die Texte gesungen wurden. Darunter ist auch die für Thüringen bedeutsame Dichtung vom „Wartburgkrieg", eine der Vorlagen für die bekannte Sage vom „Sängerkrieg auf der Wartburg".

Im Laufe der Zeit erfuhren die Zimelien der Bibliothek beständig Zuwachs, vorrangig aus Gelehrtenbibliotheken, wie der des Historikers Johann Andreas Bose. Aus dessen Sammlung stammen u. a. fast 50 kostbare Handschriften, darunter eine Kopie der Weltchronik Ottos von Freising aus dem 12. Jahrhundert.

Eine Neuordnung der schon bald unübersichtlichen Bestände oblag Johann Wolfgang von Goethe, der als zuständiger Minister das „stockende Wesen" der Bibliothek belebte und sie zu einer akademischen Gebrauchsbibliothek formte.

Zwei Zimelien der Universitäts- und Landesbibliothek gehören heute zum UNESCO-Weltdokumentenerbe: eine Handschrift der Electoralis aus der Sammlung des ungarischen Königs Matthias Corvin sowie der Druck B der „Deutschen Messe" Martin Luthers von 1526 aus der Bibliothek des Juristen Christian Gottlieb Buder. Für die Jenaer Universität dürften die original erhaltene Stiftungsurkunde, ausgestellt am 15. August 1557, unterzeichnet von Ferdinand I., dem Bruder Kaiser Karls V., sowie die ersten Statuten der Hohen Schule und der Universität Jena, dazu die Matrikel der Hohen Schule von 1548 bis 1882 zu den wichtigsten Beständen gehören.

11 Krieg den Bilderstürmern
Luther und die Reformation in Jena

Die Reformation in Jena wäre ohne Luthers mutigen Anstoß wohl undenkbar. Dennoch prägten hier vor allem die reformatorisch-theologischen Ideen Karlstadts deren Umsetzung im Gemeindeleben. Es waren radikale Ideen, die Luthers Vorstellungen weit übertrafen.

Zwischen 1522, möglicherweise schon 1521, und 1540 hielt sich Luther mehrfach in Jena auf. Die Gründe dafür waren unterschiedlicher Art. Als Junker Jörg übernachtete er Anfang März 1522 im „Schwarzen Bären", von der Wartburg nach Wittenberg unterwegs, um hier die Bilderstürmer um Karlstadt zur Räson zu bringen. Dieser war während Luthers Abwesenheit zum Mittelpunkt der reformatorischen Bewegung in Wittenberg geworden, wo er seine eigene Auslegung des Evangeliums propagierte, die u. a. eine Reform des Kirchenkults, die Abschaffung des Klosterwesens und die Gleichheit aller Gläubigen vorsah. In der Konsequenz kam es zu einer Vielzahl praktischer Neuerungen im Kirchenleben, aber auch zu Unruhen, in denen sich der Unmut der Wittenberger Bürger Bahn brach: Bilder wurden gewaltsam aus Kirchen entfernt und zerstört, Klöster und Kirchen geplündert, Nonnen und Mönche vertrieben. Luther war entschlossen, Karlstadt und seinen radikalen Anhängern Einhalt zu gebieten. Er hatte Erfolg, Karlstadt musste die Stadt verlassen und begab sich nach Orlamünde, wo er ohne Zustimmung des Kurfürsten Pfarrer der Gemeinde wurde und fortsetzte, was er in Wittenberg begonnen hatte. Luther meinte später, er habe sich dort wie ein Wolf eingeschlichen.

Auch in Jena stießen die Ideen Karlstadts auf Resonanz. Der Boden dafür war durch die Aufgeschlossenheit des sächsischen Kurfürsten Johann und seines Sohnes Johann Friedrich gegenüber Luther ebenso bereitet worden wie durch Thomas Müntzers Aufenthalt im Dezember 1521. Als erstes öffentliches Bekenntnis zur Reformation hatte der Prediger der Stadtkirche – vermutlich Martin Reinhard, ein Freund Karlstadts – Weihnachten 1521 drei Laien das Abendmahl in beiderlei Gestalt gereicht. Bald schon kritisierte Reinhard auch die Mönche des Karmeliter- und Dominikanerklosters wegen ihres Lebensstils und ihres Besitzes. Der antiklerikale Protest verstärkte sich, als Gerhard Westerburg, Jurist und Schwager Karlstadts, in Jena Einzug hielt. Zudem wurden die Schriften Karlstadts und Reinhards ab 1523 durch Michel Buchführer in Jena gedruckt, was den Ruf der Stadt als Zentrum der radikalen Ideen verstärkte.

Nachdem der Jenaer Rat im August 1524 die Schätze des Karmeliterklosters beschlagnahmt hatte, schritt der Kurfürst ein. Reinhard und Westerburg mussten Jena verlassen und Luther wurde beauftragt, eine Predigt- und Visitationsreise ins Saaletal zu unternehmen. Diese begann am 22. August in der überfüllten Jenaer Stadtkirche mit einer leidenschaftlichen Predigt wider „die irrigen und schwärmerischen Geister", gegen den teuflischen Geist, der Taufe und Sakrament hinwegnehme, zu Bildersturm, Aufruhr und Mord anstifte. Unter den Zuhörern war auch Karlstadt, der Luther danach mehrfach um eine Unterredung, „gütlich und nicht mit Scheltworten", bat. Der erwiderte: „In Gottes Namen, er komme, wenn er will, so bin ich bereit." Am Mittag desselben Tages fand im „Schwarzen Bären" unter Anteilnahme zahlreicher Schaulustiger das Streitgespräch statt, doch es kam zu keiner Einigung. Am Nachmittag predigte Luther noch einmal im Jenaer Schloss, am Tag darauf in Kahla, am 24. August in Neustadt/Orla. Am selben Tag traf er in Orlamünde ein, wo er dem Rat die Bitte um eine Predigt verweigerte und stattdessen als Vertreter der Obrigkeit Rechenschaft über das Geschehene forderte. Überrascht, weil sich die Orlamünder so gut im Evangelium auskannten, und empört darüber, dass sie selbstbewusst zu Karlstadt standen, verließ er den Ort, froh, dass er „nicht mit Steinen und Dreck geworfen ward". Luther, jetzt fest entschlossen, gegen jede Gefährdung seiner Reformation vorzugehen, bewirkte, dass Karlstadt aus Orlamünde ausgewiesen wurde.

In Jena hatte indes der strenge Lutheraner Anton Musa Reinhards Predigeramt übernommen und setzte in den Folgejahren Luthers Reformation ganz in dessen Sinne um. Luther predigte noch mehrfach in Jena. Spätestens bei seinem letzten Aufenthalt Ende Juni 1540 hatten sich die Wogen geglättet, sodass sich auch kein Widerstand regte, als Luthers Grabplatte 1571 in der Stadtkirche „einer Reliquie gleich" aufgestellt wurde, die bis heute zu sehen ist.

Die für Wittenberg bestimmte Grabplatte von Martin Luther in der Jenaer Stadtkirche.

12 Wissenschaft im Druck
Jenaer Druckereien und Verlage

Jena entwickelte sich seit der Reformation zu einer Buchstadt, in der von Beginn an bedeutende Publikationen, beginnend mit der Jenaer Lutherausgabe, gedruckt und verlegt wurden. Auch wenn es derzeit nur noch wenige Druckereien und Verlage in Jena gibt, so gehörte die Stadt in den letzten 500 Jahren doch mehrfach zu den Branchenführern in Deutschland.

Mit Johann Michael ließ sich 1523/24 erstmals ein Drucker in Jena nieder, er publizierte die Schriften des Theologen Karlstadt. Nachdem Johann Friedrich I. von Sachsen Wittenberg als Universität und Druckort verloren hatte, beauftragte er Christian Rödinger d. Ä., im ehemaligen Jenaer Karmeliterkloster eine Druckerei einzurichten und dort die Jenaer Lutherausgabe herzustellen. Im Gegensatz zur Wittenberger Lutherausgabe sollten die Jenaer Bände den Wortlaut der Texte des Reformators unverändert wiedergeben. Luthers Schriften erschienen innerhalb von nur vier Jahren in acht Bänden der deutschsprachigen und in vier Bänden der lateinischen Ausgabe.

Ab 1674 gab die Neuenhahn'sche Druckerei in der Leutrastraße mit der „Privilegierten Jenaischen Zeitung" die erste Zeitung in Thüringen heraus. Im Jahr 1700 nahm Jena sogar den zweiten Platz unter den deutschen Druckorten ein, denn viele Professoren ließen ihre Schriften hier drucken.

Eine weitere Blüte erlebte die Stadt um 1800 zur Zeit der Klassik. 1785 erschien hier erstmals die „Allgemeine Literatur-Zeitung", die in einer Auflage von 2.000 Exemplaren in ganz Deutschland verbreitet war und die wichtige Literatur- und Philosophierezensionen von prominenter Hand veröffentlichte. Gleichzeitig etablierte sich das Unternehmen der Familie Frommann mit einer modernen Unternehmensstrategie, die Druck, Verlag und Sortiment in einer Hand vereinte.

Mit dem Wachstum von Stadt und Universität arbeiteten seit der zweiten Hälfte des 19. Jahrhunderts neue Verlage in Jena. Hermann Costenoble kam 1863 von Leipzig hierher und verlegte viele zeitgenössische belletristische Autoren.

1877 übernahm der Buchhändler Gustav Fischer einen Jenaer Verlag und benannte ihn in „Gustav-Fischer Verlag vormals Friedrich Mauke" um. Der Verlag entwickelte sich auch unter Fischers Nachfolgern zu einem renommierten Wissenschaftsverlag, der weltweit vorrangig Werke aus den Gebieten der Medizin, Zoologie und Botanik vertrieb und dessen Bücher in über 30 Sprachen übersetzt wurden. Erst 2008 musste der Verlag seine Arbeit in Jena einstellen.

Im Frühjahr 1904 verlegte Eugen Diederichs seinen acht Jahre zuvor in Leipzig gegründeten gleichnamigen Verlag nach Jena. Ziel war laut Eröffnungsanzeige die Förderung „moderner Bestrebungen auf dem Gebiete der Literatur, Sozialwissenschaft und Theosophie". Bis zu Diederichs

Gebäude des Gustav-Fischer-Verlages am Villengang 2.

Tod erschienen allein 1.700 Titel, darunter Reihen wie die „Märchen der Weltliteratur“ und die „Politische Bibliothek“ sowie Werke moderner Schriftsteller. 1930 übernahmen Lulu von Strauß und Tourney und die Söhne Niels und Peter Diederichs den Verlag. Nach dem Zweiten Weltkrieg gründeten sie Standorte in Düsseldorf (1949) und Köln (1952).

Überwiegend Heimatliteratur verlegte ab 1891 Bernhard Vopelius im gleichnamigen Verlag. Sein wichtigstes Projekt war die Herausgabe des „Jenaer Volksblattes“, eine von Ernst Abbe gegründete liberale Zeitung, die bis 1941 erschien. 2005 veranlasste Bernd Rolle die Neugründung des Verlags. Er führt ihn als regionalen Buch- und Zeitschriftenverlag. Zu den herausragenden Projekten gehörte die Zeitschrift „Die große Stadt“, die von 2008 bis 2017 vierteljährlich erschien und eine Plattform für das Publizieren neuer Forschungen aus der Jenaer und Weimarer Geschichte bot.

Nach dem Zweiten Weltkrieg gründete Max Keßler den Wartburg-Verlag, der vor allem für die evangelische Kirche die Zeitschrift „Glaube und Heimat“, den „Christlichen Hauskalender“ sowie den jährlichen Adventskalender vertrieb. Seit 1993 war die Nachbarstadt Weimar Verlagssitz, 2017 übernahm die Evangelische Verlagsanstalt Leipzig den Vertrieb und die Herausgabe des Buchprogramms.

Seit der Wende präsentieren mehrere kleine Verlage ein breites Spektrum an Jena-Literatur. Ein Kleinod ist die Zeitschrift „PALMBAUM“, die von der Thüringischen Literarhistorischen Gesellschaft seit 1993 zweimal im Jahr herausgegeben wird.

13 Die schönste Frau der Renaissance

Johann Friedrich I. von Sachsen und Sibylle von Kleve

Johann Friedrich I., einst Kurfürst von Sachsen, gilt als Begründer der Jenaer Universität. Tragische wie beglückende Ereignisse seines Lebens lassen sich in Jena verorten. Dabei stets an seiner Seite: Sibylle von Kleve, die Prinzessin, die durch Cranachs Porträt als Braut zur schönsten Frau der Renaissance avancierte.

Majestätisch, auf hohem Sockel das Schwert gezückt, die Heilige Schrift in der Hand, so steht er seit 1858 auf dem Jenaer Markt: Johann Friedrich I., Kurfürst von Sachsen und Begründer der hiesigen Universität. Dass der schwergewichtige Fürst mit einer so anmutigen Prinzessin wie Sibylle von Kleve vermählt war, sorgt auf den ersten Blick für Verwunderung. Doch das Paar, das 1527 – sie 14, er 24 Jahre alt – die Ehe schloss und im Laufe von neun Jahren vier Söhne bekam, war sich in tiefer Zuneigung verbunden. Dabei war auch diese Ehe zwischen dem ernestinisch-sächsischen Kurprinzen und der Prinzessin aus dem niederrheinischen Herzogtum Jülich-Kleve-Berg aus rein machtpolitischem Kalkül zustande gekommen. Noch heute verweist darauf das Siegel des Herzogtums Jülich-Kleve-Berg in thüringisch-sächsischen Gefilden.

Mit der Niederlage im Schmalkaldischen Krieg 1547 hatte Johann Friedrich große Teile seines Besitzes, darunter Wittenberg und Torgau, an seinen Vetter Moritz von Sachsen verloren. Moritz gehörte nun auch Schloss Hartenfels in Torgau, das Johann Friedrich I., seit er 1532 als Erbe Johanns des Beständigen Kurfürst geworden war, zu einer der prachtvollsten Residenzen der Renaissance hatte ausbauen lassen. Der Hof mit Sibylle und ihren Söhnen übersiedelte nach Weimar, der nun zentralen ernestinischen Residenz. Johann Friedrich aber musste Kaiser Karl V. als Gefangener folgen, nachdem er Pfingsten 1547 in Jena von seiner Familie Abschied genommen hatte. In glücklichen Zeiten hatte er auf seinen Reisen im Schloss zu Jena logiert, bestens versorgt mit Wein, Bier und Speisen. Seine Gemahlin hatte ihn oft begleitet, wenn er beispielsweise zur Jagd nach Hummelshain oder Trockenborn reiste und in Jena übernachtete; denn auch sie liebte die Jagd und die Wälder.

Während der Zeit der Gefangenschaft, die fünfeinhalb Jahre dauern sollte, sah sich das Paar nicht einmal. Allein durch Briefe, Boten und kleine Geschenke konnten sie sich ihrer Verbundenheit versichern und Trost spenden. Immer wieder berichtete ihm Sibylle von ihren Reisen, auch nach Jena, wo sie 1527 auf ihrem Brautzug von Kleve nach Torgau erstmals Station gemacht hatte, von Bürgern und Honoratioren der Stadt freudig begrüßt. Anlass zur Freude gab auch Sibylles Aufenthalt Anfang September 1552 in Jena, war sie doch auf dem Weg zu ihrem Gemahl nach Coburg, der aus der Gefangenschaft entlassen

Sibylle von Kleve als Braut, Porträt von Lucas Cranach d.Ä. aus dem Jahr 1526.

worden war. Begeistert berichtete sie ihm vorab: „Die größte Freude aber, die ich in Jena gesehen habe, war der Wein, der steht dermaßen gut und hängt ganz voll, wie ich es in sechs Jahren nicht gesehen habe."

Wenige Tage später, am 10. September, waren Sibylle und Johann Friedrich wieder vereint. Von Coburg aus ging es weiter in das neue Jagdschloss Wolfersdorf, wo die ganze Familie zusammentraf. Zum Gedenken an diesen glücklichen Tag erhielt das Schloss den Namen „Zur fröhlichen Wiederkunft", den es noch heute trägt. Eine Woche lang wurde das Wiedersehen gefeiert, ehe es über Jena in die Weimarer Residenz ging. Legendär ist der Empfang Johann Friedrichs durch Jenaer Bürger und Studenten am 24. September vor den Toren der Stadt.

Die Söhne des Paares blieben der Universität und der Stadt Jena eng verbunden, die beiden älteren als Regenten, der jüngste Sohn als Student der Theologie. Auch wenn Jena keine ernestinische Residenz war, hinterließ Johann Friedrich I. hier nachhaltige Spuren. Sibylle von Kleve aber, obgleich durch das Cranachsche Gemälde weltbekannt geworden, geriet als Frau an seiner Seite weitgehend in Vergessenheit.

14 „Und in Jene lebt sich's bene"
Musikstadt Jena

Seit 88 Jahren musiziert die Jenaer Philharmonie. Mit 82 Musikern ist sie das größte Konzertorchester Thüringens. Die musikalische Tradition des Jenaer Konzertlebens reicht aber bis weit in das 16. Jahrhundert zurück.

Der erste Nachweis einer musikalischen Vereinigung von Bürgern und Studenten stammt aus dem Jahr 1565, als die Cantorey-Gesellschaft bzw. Societas musicalis ins Leben gerufen wurde. 1595 führte sie, wie in anderen Universitätsstädten auch, den Namen „Collegium musicum". Ihr Bekanntheitsgrad reichte weit über die Grenzen Jenas hinaus, wurden doch die Musiker sogar in dem 1623 gedruckten Städteatlas von Daniel Meisner abgebildet. Zur Tradition des „Collegium musicum" gehörte am Karfreitag die Aufführung der von Johann Christoph Wentzel komponierten Christkomödie in der Stadtkirche. Mit einem kleinen Streichorchester führten sie auch das von dem Stadt- und Universitätsorganisten Johann Nikolaus Bach geschriebene Singspiel des „Jenaer Wein- und Bierrufers" auf.

Als Prinz Bernhard nach dem Tod seines Vaters im Jahr 1662 in das Schloss nach Jena zog, übernahm der musikliebende zukünftige Herzog von Sachsen-Jena den Hofkapellmeister Adam Drese und eine Anzahl der Tonkünstler von der aufgelösten Weimarer Hofkapelle. Nach Bernhards Tod 1678 mussten die Musiker die Stadt wieder verlassen.

Das „Collegium musicum" war die bedeutendste Musiziergemeinschaft in Jena, bis im Januar 1770 mit Unterstützung der Herzogin Anna Amalia von Sachsen-Weimar die Akademischen Konzerte ins Leben gerufen wurden. Diese Aufführungen fanden mehr als 100 Jahre lang in den Rosensälen statt, seit der Eröffnung des Volkshauses 1903 im dortigen Großen Saal. Nach einer Reorganisation 1838 spielte man auch moderne Kompositionen von Liszt, Berlioz, Schuman und Radziwill. Zweimal trat sogar Clara Wieck auf. Im Ersten Weltkrieg übernahm Max Reger die Organisation der Akademischen Konzerte. Mit Rudolf Volkmann als Universitätsmusikdirektor fanden ab 1919 etliche Musikfeste und Oratorienaufführungen statt, u. a. organisierte er 1929 das VII. Brahmsfest in Jena. Nach vielen Anläufen gelang es, 1934 ein städtisches Sinfonieorchester zu gründen, das jedoch während des Zweiten Weltkrieges am 1. September 1944 den Spielbetrieb einstellen musste. Von 1945 bis 1949 war das Orchester als „Orchester des Stadttheaters Jena" bekannt. Von 1950 bis 1953 nannte es sich „Kulturorchester Jena", danach „Sinfonieorchester Jena". Seit 1969 trägt es den Namen „Jenaer Philharmonie" und bestreitet mit 82 Musikern, unterstützt vom Philharmonischen Chor, dem Knabenchor und dem Madrigalkreis ein breites Spektrum an Aufführungen. Vielfache Auszeichnungen zeugen vom hohen Niveau der Jenaer Philharmonie. 2016 wurde sie für die Förderung im Rahmen des Bundesprogramms „Exzellente

Orchesterlandschaft Deutschlands“ ausgewählt.

Die Universität gründete 1958 die „Akademische Orchestervereinigung“, in der vor allem Studenten und Angestellte der Universität Werke von der Barockzeit bis zu zeitgenössischen Kompositionen einstudieren. Ein Highlight ist die jährlich im Juni im Innenhof des Universitätshauptgebäudes aufgeführte „Jenaer Hofoper“. Seit 2011 erreicht der „Psycho-Chor“, ein studentisches A-capella-Pop-Ensemble, bestmögliche Bewertungen.

Durch zahlreiche Briefe und Erinnerungen bezeugt ist auch in Jena die seit Jahrhunderten gepflegte Tradition der Hausmusik. Nicht wenige der „Dilettanten“, die aus allen Bevölkerungskreisen kamen, spielten zudem bei Konzerten, in Blasmusikvereinen und dem Arbeitersinfonieorchester mit oder sangen in einem der vielen Chöre.

Hoch im Kurs stand der Gesang natürlich auch bei den Jenaer Studenten, den sie gern mit ihrer „Katzenmusik“ vor dem Fenster eines ungeliebten Professors zum Besten gaben. Vor allem während geselliger Kneipenabende sangen sie ihre eigenen Lieder wie „Und in Jene lebt sich's bene, und in Jene lebt sich's gut.“

Probe des Akademischen Orchesters in „Räuberzivil“ im Volkshaus.

15 Absteige, Lazarett, Museum
Das Jenaer Schloss

Heute aus den Erinnerungen verschwunden, bestimmte das Jenaer Schloss über viele Jahrhunderte das Stadtbild. Hier residierten die Familien des kurzlebigen Herzogtums Sachsen-Jena, übernachteten große Geister, starben verwundete Soldaten und wurden wissenschaftliche Schätze bewahrt.

In der Nord-Ost-Ecke der Jenaer Stadtmauer am heutigen Fürstengraben befand sich bis 1905 ein großer Schlosskomplex. Die Bauzeit liegt im Dunkeln, sie ist in keiner schriftlichen Quelle nachgewiesen, auch archäologische Befunde gibt es nicht. Wahrscheinlich wurde das Schloss in den letzten Jahrzehnten des 15. Jahrhunderts als Nebenresidenz der ernestinischen Herzöge errichtet. Eine erste Ansicht des Gebäudekomplexes stammt von Johann Mellinger aus dem Jahr 1571.

Mit der sogenannten Erfurter Teilung 1572 zwischen Johann Wilhelm von Sachsen und den Söhnen seines inhaftierten Bruders Johann Friedrich II. des Mittleren war das Herzogtum Sachsen-Weimar, zu dem auch Jena gehörte, entstanden. Es wurde von Herzog Johann Wilhelm regiert, der das Jenaer Schloss bereits zwischen 1566 und 1570 mit einem dreigeschossigen Wohngebäude hatte ausbauen lassen, dem „Johann-Wilhelmer-Bau". Er diente als standesgemäßes „Absteigequartier" für die Söhne der Weimarer Herzöge, wenn sie an der Jenaer Universität studierten.

Wilhelm von Sachsen-Weimar ließ das Schloss zwischen 1659 und 1661 umbauen. Als bedeutendste Änderung entstand ein neues Residenzhaus (Wilhelmerbau) am Fürstengraben. Das von dem Architekten Johann Moritz Richter d. Ä. errichtete Gebäude besaß eine große Dachterrasse, die Platz für den voluminösen Himmelsglobus von Erhard Weigel bot. Der Bauboom setzte sich auch nach Wilhelms Tod unter dessen Sohn Bernhard von Sachsen-Jena fort, der im Jenaer Schloss residierte. Es entstanden eine große Reithalle, Wirtschaftsgebäude, wie das Kornhaus, und Unterkünfte für Bedienstete, Gäste und den Hofstaat. Dabei blieb der Grundriss weitgehend erhalten. Nach der Renovierung des Daches im Jahr 1718 erhielt die Aussichtsplattform 1720 eine reichgeschnitzte Brüstung, auf der zwölf vergoldete Holzfiguren, die Jahreszeiten und Erdteile darstellend, angebracht waren. Stark verwittert mussten sie 1751 beseitigt und die Brüstung durch ein schmiedeeisernes Gitter ersetzt werden. Um 1730 erhielten viele Innenräume Bandelwerkstuckdecken. 1757 bekam das Residenzhaus ein filigran geschnitztes Portal mit Freitreppe und der Mittelrisalit wurde mit Rokoko-Rankenwerk verziert.

Neben den Angehörigen der herzoglichen Familie logierten auch deren Gäste und Minister im Schloss, wenn sie in Jena weilten. Goethe übernachtete hier, wo er gemeinsam mit Justus Christian Loder den Zwischenkieferknochen beim

Blick vom Fürstengraben auf den Rundturm, die Tordurchfahrt, Hofküche und das Wilhelmerschloss im Jahr 1860.

Menschen wiederentdeckte. Denn ab 1781 befanden sich die anatomischen Sammlungen im Schloss.

Am Abend des 14. Oktober 1806 bezog Napoleon Bonaparte das Zimmer Goethes im Wilhelmerschloss. Am gleichen Tag mussten aber auch mehr als 6.500 im Kampf verwundete Soldaten beider Seiten versorgt werden und so wurde das Schloss über ein Jahr als behelfsmäßiges Lazarett genutzt. Danach war es für die herzogliche Familie nicht mehr bewohnbar. Auch Goethe suchte sich andere Quartiere. Dafür zogen die neu entstandenen Sammlungen der Universität in die Räume ein: die Gipsabgüsse des Archäologischen Museums, das Mineralogische Museum, das Orientalische Münzkabinett, das Zoologische Kabinett, die Fossiliensammlung sowie die Bibliothek und Ethnografische Sammlung des Landwirtschaftlichen Instituts.

In der zweiten Hälfte des 19. Jahrhunderts erhielten die Gebäude des kleinen Hofes einige Umbauten. Der Amtsgerichtshof wurde modernisiert, Dienerwohnungen, Stallungen und Waschhaus bis 1895 als städtisches Gefängnis genutzt.

Weil der bauliche Zustand des Komplexes katastrophal war und die Universität inzwischen aus allen Nähten platzte, wurden die alten Bauten zwischen Februar 1905 und Juni 1906 für ein neues Universitätshauptgebäude abgerissen. Teile davon fanden im Neubau Verwendung, kamen in das Stadtmuseum oder in das Dornburger Renaissanceschloss. Die gotische Tordurchfahrt erwarb der Kaufmann Karl Oberreich, er ließ sie vor seinem Grundstück in der Erfurter Straße 97 wieder aufbauen, wo sie bis heute zu sehen ist.

16 Paradiesische Gärten
Grüne Oasen

Blickt man von den Bergen auf Jena, so zeigt sich eine Stadt, die weiträumig von grünen Flächen durchzogen ist. Exotische Pflanzen wachsen im Botanischen Garten, in der warmen Jahreszeit tummelt sich die Jugend im Paradies und auf der Rasenmühleninsel.

Bereits 1579 forderte der erste Prorektor der Universität Johannes Schröter die Einrichtung eines „Hortus medicus", um Kräuter für die Unterweisung der Medizinstudenten zu züchten. Der Garten wurde 1586 in der südwestlichen Ecke des Collegium Jenense, am heutigen Anatomieturm, angelegt und war damit nach Leipzig der zweite wissenschaftlich genutzte Garten Deutschlands. Jedoch nicht jeder von Schröters Nachfolgern nutzte ihn entsprechend seiner Bestimmung. Erst Werner Rolfinck ließ ihn von 1629 bis 1631 erneuern. Da aber bald mehr Platz benötigt wurde, überließ Herzog Wilhelm IV. von Sachsen-Weimar im Jahr 1640 der Salana das Gelände des Fürstengartens, der nördlich der Stadtmauer (heute Botanischer Garten) lag. Nur 22 Jahre später forderte nach Wilhelms Tod sein Sohn Bernhard, der jetzt in Jena residierte, das Areal zurück, um es seinem Haushalt anzugliedern und der Mode der Zeit entsprechend als barocken Lustgarten zu nutzen. Erst 1784 konnte die Universität durch die Bemühungen Goethes und des Professors für Botanik August Johann Georg Carl Batsch das Areal wieder nutzen. Goethe veranlasste den Bau einer Wasserleitung, mehrerer Gewächshäuser und des 1828 errichteten Inspektorhauses. Eine Seltenheit ist der damals gepflanzte Gingko am Zaun zum Fürstengraben mit seinen zapfenartigen Stammauswüchsen, die nur über 200 Jahre alte Gingkobäume zeigen. Bis heute haben zahlreiche bedeutende Botaniker dem Garten, in dem über 10.000 Pflanzenarten aus allen wichtigen Vegetationseinheiten der Welt zu finden sind, sein wissenschaftliches Profil gegeben.

Unmittelbar neben Botanischem Garten und Planetarium befindet sich der Griesbachgarten, der älteste erhaltene bürgerliche Garten Jenas, von Johann Jakob Griesbach, Professor für Theologie, als Englischer Landschaftsgarten ab 1784 angelegt. Weil hier seit 1812 in den Sommermonaten die Töchter der Herzogin Maria Pawlowna – Marie und Augusta – wohnten, bürgerte sich der Name „Prinzessinnengarten" ein. In schneereichen Wintern wird am Hang immer noch gerodelt. Mit dem sich anschließenden Johannisfriedhof und dem Botanischen Garten bildet das Areal eine grüne Oase mitten in der Stadt.

Vom Paradiesbahnhof ausgehend zieht sich entlang der Saale eine große parkähnliche Anlage. Schon bevor der Bürgermeister Johann Jakob Paulßen 1780 die Wege an den Wiesen in zwei Alleen umgestalten ließ, war der idyllische Ort von disputierenden Professoren genutzt worden. Doch mit der Umgestaltung eroberte sich auch die bürgerliche

Blick über den Botanischen Garten im Herbst 2022.

Gesellschaft das von Büschen und Bäumen umgebene Gelände für Spaziergänge. Es wurde geturnt, in der Saale gebadet und ein Fischer setzte mit seiner Fähre auf das andere Flussufer und seit Ende der 1930er-Jahre an den Schleichersee über. Und im Paradies wurde gefeiert! Für das Universitätsjubiläum 1858 errichtete die Universität sogar eine große Festhalle. Auf dem ersten organisierten Paradiesfest im Juli 1904 konnten die Jenaer mancherlei Vergnügungen nachgehen. Inzwischen belebte die Stadt diese Tradition als Kinder- und Familienfest „Dein Tag im Paradies" wieder. Mit der Erweiterung des Geländes durch die Rasenmühleninsel wurden in den 1960er-Jahren naturnahe Bereiche angelegt. Beliebt sind heute die drei unterschiedlich langen Laufwege und der jährlich durchgeführte Paradiestriathlon.

Mit dem Drackendorfer Park unterhalb der Lobdeburg besitzt Jena ein weiteres grünes Kleinod. 1745 ließ der Freiherr von Ziegesar diesen drei Hektar großen Englischen Landschaftsgarten anlegen, der 1854 mit einem Teehäuschen ergänzt wurde. Der Drackendorfer Heimatverein organisiert hier im Sommer Lesungen und kleine Inszenierungen.

17 Nicht nur in der Antike gab es sieben Wunder

Die Sieben Wunder von Jena

Mit einem Merkvers konnten die Besonderheiten Jenas aufgesagt werden: „Ara, caput, draco, mons, pons, vulpecula turris, Weigeliana domus, septem miracula Jenae" – „Altar, Kopf, Drache, Berg, Brücke, Fuchsturm, Weigelsches Haus – das sind die sieben Wunder Jenas".

Seit dem 16. Jahrhundert wurden die originellen Wahrzeichen und Bauwerke, die Jena von anderen Städten unterschieden, als die „Sechs Wunder" gerühmt. Anfangs gab es nur sechs Objekte, die als Wunder Jenas galten: „ara, angelus (Holzplastik des Erzengels Michael in der Stadtkirche), caput, mons, pons, vulpecula turris". Im 17. Jahrhundert kam das Weigelsche Haus hinzu.

Es ist naheliegend, den Ursprung des lateinischen Verses über diese sieben Wunder Jenas im studentischen Milieu zu suchen. Zur Verbreitung des Spruches trugen aber auch Handwerksburschen bei. Allein seine Kenntnis genügte für den Nachweis, dass sie auf der Walz auch in Jena Station gemacht hatten.

Ara (Altar) bezeichnet den Chordurchgang unter dem Altar der Stadtkirche St. Michael. Die volkstümlich als „Altardurchfahrt" bezeichnete Öffnung des Chores mit Unterführung des Hochaltars, die sogar Fuhrwerke nutzen konnten, ist eine der auffälligen architektonischen Detaillösungen, welche die Jenaer Stadtkirche auszeichnen.

Mit *caput* ist der „Schnapphans" gemeint, der zu jeder vollen Stunde aus der Uhr des Rathauses heraustritt, den Mund weit öffnet und die Zunge herausstreckt. Das in der Zeit um 1500 geschnitzte hölzerne Gesicht (lateinisch „caput") wird durch die Kappe mit Eselsohren als Narr gekennzeichnet. Im 16. und 17. Jahrhundert nannte man die Figur „Hans von Jhene", seit dem 18. Jahrhundert ist sie als „Schnapphans" bekannt.

Draco (Drache) ist eine aus Tierknochen, Gips und Draht bestehende Plastik mit Teufelsgesichtern und Krallen, die als „Siebenköpfiger Drache" bekannt ist. Die Figur soll von Studenten für Umzüge und Späße verwendet worden sein. Möglicherweise wurde sie aber auch von Theologiestudenten als Requisit für die Aufführung geistlicher Schauspiele geschaffen. Heute ist das Original im Stadtmuseum zu bestaunen.

Mons, der Jenzig, bietet als der mit 365 Metern über NN steilste Berg in der Jenaer Umgebung einen imposanten Anblick.

Die Camsdorfer Brücke –*pons* – ist seit ihrer Erbauung um 1480 ein wichtiger Übergang über die Saale und gehörte zu den größten Brücken in den deutschen Ländern. In neun Bögen spannte sich das u. a. aus den Steinen der 1304 zerstörten Hausbergburgen

Collage der „Sieben Wunder von Jena“, Moritz Götze, 2021.

errichtete Bauwerk über die häufig Hochwasser führende Saale und ermöglichte die ständige Verbindung zwischen Jena und den im Osten liegenden Ansiedlungen.

Als *vulpecula turris* (Füchschenturm) wird der schon von weitem sichtbare Restbestand der mittelalterlichen Hausbergburgen bezeichnet. Der Name „Fuchsturm“ für den ehemaligen Bergfried soll auf die in den Felsspalten des Hausberges lebenden Füchse zurückgehen.

Weigeliana domus bezieht sich auf das Weigelsche Haus, das sich in der Johannisstraße befand. Erhard Weigel, einer der bedeutendsten Jenaer Professoren der Aufklärung, hatte in den Jahren 1667 bis 1670 nach eigenen Entwürfen ein Haus mit Stufengiebel auf dem Satteldach und mit Sprüchen an der Fassade errichten lassen. Im Inneren war eine Reihe von technisch-physikalischen Anlagen installiert, die Weigels Zeitgenossen in Erstaunen versetzten. Vom Keller bis zum quadratischen Dachturm verlief eine offene Spindel, um welche die Treppe herum gebaut war. In diesem Treppenschacht war ein Fahrkorb nach dem Prinzip des Flaschenzuges installiert, ein Vorgänger des Liftes. Weitere Attraktionen waren die mittels hydraulischer Pumpe funktionierende Wasserleitung und die sogenannte „Kellermagd“, ein Heronsbrunnen, eine Art Springbrunnen, der aus dem Fass im Keller den Wein nach oben beförderte, wenn man von oben in einer zweiten Röhre Wasser eingoss. Das Weigelsche Haus wurde 1898 abgerissen. Als man 1912 auch noch die Camsdorfer Brücke neu errichtete, verschwanden zwei der originalen Sieben Wunder Jenas.

18 Nach den Sternen greifen
Astronomie

Urania, die Muse der Astronomie, wacht seit der Gründung der Universität über die Jenaer Astronomen. Bis heute wird der Sternenhimmel in Observatorien beobachtet, wissenschaftlich ausgewertet und man hält sogar Exoplaneten auf dem Bild fest.

Erste Vermittlungen astronomischer Kenntnisse erfolgten seit der Gründung der Universität durch die Ordinarien für Mathematik. Unter ihnen befand sich Georg Limnäus, der sich um 1598 bereits ein kleines Observatorium eingerichtet hatte. In der zweiten Hälfte des 17. Jahrhunderts plante Erhard Weigel den Bau des neuen Torhauses im Collegium Jenense, auf dem er eine Plattform für astronomische Beobachtungen einrichtete. 1784 nutzte Professor Johann Ernst Basilius Wiedeburg den Fuchsturm für Himmelsbeobachtungen.

Das gestiegene Interesse für Naturwissenschaften gegen Ende des 18. Jahrhunderts erfasste auch den Weimarer Herzog Carl August. Auf Goethes Rat ließ er 1812 in einem Anbau an Schillers Gartenhaus in Jena eine Sternwarte nach dem Gothaer Vorbild errichten. Hier konnten mit einem Spiegelteleskop, einem Kometensucher, einem Mauerquadranten mit zwei Fernrohren, einem Spiegelsextanten und einer astronomischen Pendeluhr Beobachtungen durchgeführt werden. Der erste Direktor der Sternwarte, Karl Dietrich von Münchow, beobachtete 1813 die ersten Fixsterndurchgänge. Von 1877 bis 1900 hatte Ernst Abbe das Direktorat der Sternwarte inne. Er ließ die Gebäude erneuern, in denen er mit seiner Familie acht Jahre lang bis 1886 wohnte. Ihm wurde jedoch schnell klar, dass für exakte Beobachtungen nach dem neuen Stand der Wissenschaften ein größeres Gebäude mit modernen Instrumenten nötig war. Aus privaten Mitteln kaufte er das an den Schillergarten angrenzende Grundstück, auf dem 1889 ein modernes Observatorium errichtet wurde. Die Unzulänglichkeit der Instrumente war ein Grund für Abbe, in der Firma Carl Zeiss eine eigene Abteilung für den astronomischen Gerätebau zu gründen. 1903 ließ er auf dem Jenaer Forst eine Sternwarte mit einer 6-Meter-Kuppel zur praktischen Erprobung der gefertigten Geräte aufstellen. Diese Aufgabe aber übernahm fünf Jahre später die größere Werkssternwarte auf dem damaligen Verwaltungsgebäude des Zeiss-Werks mit einer 8,4-Meter-Kuppel. Danach wurde die Forststernwarte durch die von Jenaer Amateur-Astronomen gegründete Genossenschaft „Urania“ genutzt.

Mit der Übernahme des Observatoriums im Schillergässchen 1929 durch Heinrich Vogt war eine neue inhaltliche Ausrichtung verbunden. Hatte die Sternwarte bisher eher die klassischen Beobachtungen und Vorausberechnungen der Himmelskörperbahnen durchgeführt, konzentrierte man sich nun auf theoretisch-astrophysikalische Forschungen: auf den inneren Aufbau der Sterne, auf die

Die 1889 im Schillergässchen errichtete Sternwarte.

Beziehungen zwischen Massen, absoluten Leuchtkräften und effektiven Temperaturen der Sterne, auf Stabilitätsprobleme der Fixsterne und auf die Dynamik der Spiralnebel. Mit der durch die Firma Carl Zeiss montierten neuen 5,5-Meter-Kuppel waren auch fotografische Aufnahmen möglich.

Weil die Universität 1936 die Urania-Sternwarte auf dem Forst übernahm, erhielten die Mitglieder des inzwischen in Volkssternwarte Urania Jena e. V. umbenannten Vereins die Winklersche Kuppel. Der private Astronom Karl Wilhelm Winkler, der in seiner Villa unterhalb des Landgrafen eine eigene 4,5-Meter-Kuppel für Beobachtungen besaß, vermachte diese der Universität. Nach seinem Tod 1910 wurde sie im Garten der Sternwarte installiert. Bis heute steht sie astronomisch Interessierten für Beobachtungen offen.

Ein großer Schritt war die Errichtung des Karl-Schwarzschild-Observatoriums auf dem Tautenburger Forst, 10 Kilometer nordöstlich von Jena entfernt. 1960 ging hier das bei Zeiss gefertigte 2-Meter-Teleskop, das größte Schmidt-Spiegelteleskop der Erde, in Betrieb. Im Jahr 2004 konnte damit beispielsweise das Bild eines extrasolaren Planeten neben seinem Stern aufgenommen werden. Eine der jüngsten Beobachtungen ist der erste erdnahe Asteroid am 3. November 2022.

19 „Und die Straßen sind so sauber …“ Wasser in Jena – Segen und Fluch

Quellen, Flüsse und Bäche waren für die Besiedelung des Jenaer Raumes genügend vorhanden. Um ausreichend Wasser musste sich in der Stadt niemand Sorgen machen – mitunter richtete Hochwasser aber auch große Schäden an.

Das heutige Stadtzentrum, das der mittelalterlichen Anlage der Stadt entspricht, liegt zwischen dem linken Ufer der Saale und der ihr hier zufließenden Leutra. Ein Saalearm, die 1938 zugeschüttete Mühllache, floss vor der östlichen Stadtmauer entlang. Obwohl der Stadtchronist Adrian Beier 1672 schrieb, dass die Anwohner den Saalestrom zum Waschen, Trinken und Brauen nutzten, dürfte dafür nicht die Saale, sondern eher die Leutra geeignet gewesen sein, die durch fünf westlich der Stadt gelegene Quellen (Papiermühlenquelle, Nasenkuppenquelle, Leutraquelle, Hungerquelle, Rosentalquelle) gespeist wurde.

Die wasserreiche Leutra, die auf Grund des Gefälles der Stadt von Westen nach Osten auf mehreren Wegen in die Saale floss, wurde seit dem Mittelalter durch ein Kanalnetz und ein Rohrleitungssystem für das Stadtgebiet genutzt. In der Leutravorstadt, am heutigen Ziegelmühlenweg, wurde das Wasser abgeleitet und floss an drei Stellen – am Johannistor, an der Kollegiengasse und am Anatomieturm – in die Straßen der Stadt, bis es wiedervereinigt am Saaltor in die Lache einging. Das Wasser trieb die Jüdenmühle und die Marktmühle an, diente den Badestuben in der Krautgasse, der Brüdergasse und am Saaltor, zudem den Waschanstalten vor den drei Stadttoren. Dieses ständig vorhandene Wasserreservoir trug dazu bei, dass mit Ausnahme des Feuers von 1806 auf dem Gebiet des heutigen Eichplatzes alle Brände rasch im Keim erstickt werden konnten und die Stadt nie ganz abgebrannt ist.

Ein weiterer Vorteil des Wasserreichtums der Stadt war die Nutzung des Kanalnetzes für die Straßenreinigung. An mehreren Stellen wurde das Wasser durch Bretter angestaut und abgelassen, wodurch der angesammelte Unrat weggespült wurde. Daher rührt der Spruch: „Und die Straßen sind so sauber, sind sie auch ein wenig krumm, denn ein Wasser wird gelassen, alle Wochen durch die Gassen, in der ganzen Stadt herum.“ Jena dürfte deshalb zu den saubersten Städten der Frühen Neuzeit in Europa gezählt haben.

Ab dem 16. Jahrhundert besaß Jena auch eine hölzerne Trinkwasserleitung, die über 40 Brunnen in der Stadt versorgte. Dazu zählten bis zu 14 öffentliche Brunnen. Zwei Leitungen aus dem Quellgebiet führten zum Brunnenhaus vor dem Johannistor (heute Jenaer Bücherstube), von dem aus Wasser in die verschiedenen Rohrleitungen eingespeist wurde: zur Löbdergasse über den Kollegienhof und die Leutragasse, zur Unterlauengasse und dem Jenaer Schloss (heute Universitätshauptgebäude), über

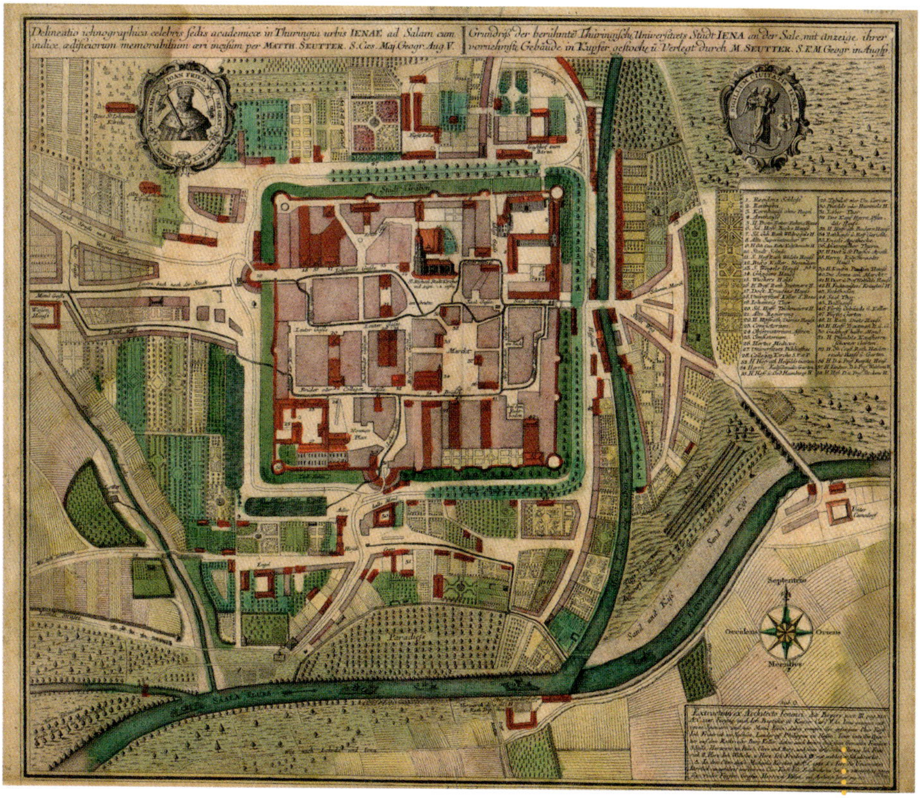

Stadtplan aus dem Jahr 1758 mit eingezeichneten Wasserwegen der Saale und Leutra.

das Kreuz und den Markt, zur Jenergasse und zum jetzigen Botanischen Garten. Die schnell faulenden Holzröhren wurden ab 1825 durch Tonröhren und ab 1842 durch Gusseisenröhren ersetzt.

Mit der zunehmenden Industrialisierung, dem Bevölkerungswachstum und der baulichen Erweiterung der Stadt im letzten Drittel des 19. Jahrhunderts war eine grundlegende Erneuerung der Wasserversorgung unumgänglich. 1887 begannen die Arbeiten zur Tiefkanalisation, Hochdruckwasserleitungen der Ammerbach-Quellen und der Mühltalquellen wurden angelegt und die Arme der Leutra bis 1911 gänzlich überbaut, verrohrt oder zugeschüttet. Mit dem 1948 in Betrieb genommenen Wasserwerk in Burgau und dem Anschluss an das Fernwassersystem der Ohra-Talsperre 1967 wurde man dem stetig wachsenden Bedarf der Stadt gerecht.

Neben dem großen Nutzen konnte das Wasser der Stadt aber auch großen Schaden anrichten. Im Laufe der Jahrhunderte kam es immer wieder zu Hochwasserkatastrophen. Bei starken Regenfällen oder plötzlichem Tauwetter trat die Saale über die Ufer. Deshalb veranlasste Goethe bereits 1783 einen Durchstich des Saalearmes oberhalb der Rasenmühle zum Schutz vor Hochwasser. Erst nach der verheerenden Katastrophe am 25. November 1890, als fast 20 Häuser eingestürzt und vier Menschen ertrunken waren, das Wasser sogar den Speisesaal des „Schwarzen Bär“ überschwemmt hatte, wurden die Ufer befestigt, die Saale noch einmal reguliert und die Eisenbahnschienen auf einen Damm verlegt.

20 Bloß nicht rolfincken lassen
Sternstunden der Anatomie

Als einer der bedeutendsten Gelehrten der Frühaufklärung in Jena gilt Werner Rolfinck. Er wirkte 44 Jahre lang als Professor für Medizin und erbrachte besondere Leistungen in den Fächern Anatomie, Chirurgie und Botanik. Justus Christian Loder, einer seiner Nachfolger, wurde weit über Jena hinaus bekannt.

Mitte des 17. Jahrhunderts gaben viele der zum Tode verurteilten Straftäter als letzten Wunsch an, nicht „gerolfinckt" zu werden. Dieses geflügelte Wort ging in die Stadtgeschichte als Begriff für die Sezierung von Leichen ein. Abgeleitet ist der Ausdruck von dem Mediziner Werner Rolfinck, der 1629 den Ruf an die Alma Mater annahm, nachdem er in Leyden, Oxford, Paris und Padua studiert und gelehrt hatte. Während an den Universitäten in den deutschen Ländern Obduktionen noch selten durchgeführt wurden, galt dies in Padua bereits als gängige Praxis in der Ausbildung von Medizinern. Rolfinck vertrat die neuen Lehren der Anatomen Andreas Vesalius und William Harvey und war der Überzeugung: „Medicinae oculus est Anatomia" – „Das Auge der Artzeney ist die künstliche Zertheilung der Glieder". Bereits im Jahr seiner Ankunft in Jena sezierte Rolfinck zwei Bauern aus Ammerbach im 1612 eingeweihten medizinischen Auditorium, das sich über der Bibliothek im Collegium Jenense am Teichgraben befand. Viele Körper stammten von Justifizierten, also zum Tode Verurteilten, Selbstmördern, unehelich verstorbenen Gebärenden oder Neugeborenen. Ab 1655 konnte er die Sektionen im neuen Anatomischen Theater im Südflügel des Collegium Jenense durchführen, die nicht nur von Studenten besucht werden durften. Durch die Obduktionen sammelte Rolfinck wichtige Erkenntnisse über den Blutkreislauf, konnte damit aber auch die trübe Linse des Auges, den Grauen Star, sichtbar machen. Den Studenten vermittelte er Wissen um die Wirkung von Heilpflanzen und er richtete hinter dem Anatomischen Theater wieder einen Botanischen Garten ein. Als Chemiker beschäftigte er sich vor allem mit der Iatrochemie, die chemische Verbindungen zur Behandlung von Krankheiten erforschte. Auch Rolfincks Nachfolger gaben der Anatomie bedeutende Impulse.

Unter Karl Friedrich Kaltschmid entstand das neue Theatrum anatomicum, das als Achteck über dem südwestlichen Rondell der Stadtmauer – daher bis heute der Name Anatomieturm – errichtet wurde. Da über die zahlreichen Fenster von allen Seiten Licht und Luft einfielen und die Sitzbänke wie in einem Amphitheater angeordnet waren, hatten alle Zuschauer beste Sicht auf das Geschehen.

Justus Christian Loder ließ 1784 den Turm aufstocken und mit einem Pumpwerk versehen, um jederzeit frisches Wasser zur Verfügung zu haben. Er betrieb mit Goethe, der auch seine Sektionen besuchte und bei ihm das Präparieren lernte, anatomische Studien und ordnete das von

Porträt des Anatomen
Justus Christian Loder.

Weimar nach Jena verlegte herzogliche Naturalienkabinett neu. Sein eigenes osteologisches Kabinett richtete er in vier Räumen über der Reitbahn des Schlosses ein. Loders Tätigkeiten beschränkten sich nicht nur auf die Anatomie, er arbeitete auch als Direktor der neu gegründeten Entbindungsanstalt am Fürstengraben (Accouchierhaus), als Chirurg, Gerichtsmediziner und sachsen-weimarischer Leibarzt. In großen Lehrwerken wie dem „Anatomischen Handbuch" und dem zweibändigen Werk „Anatomische Tafeln zur Beförderung der Kenntniß des menschlichen Körpers" erfasste er übersichtlich und didaktisch wirksam das anatomische Wissen seiner Zeit. Zwischen 1797 und 1801 erschienen vier Bände der von ihm herausgegebenen Zeitschrift „Journal für Chirurgie, Geburtshülfe und gerichtliche Arzneykunde". 1803 nahm er jedoch den Ruf an die Universität Halle an, dem er mitsamt seiner anatomischen Sammlung folgte. Von 1810 bis zu seinem Tod 1832 wirkte er als Leibarzt von Zar Alexander I. in Moskau.

21 Ein Universalgenie im Tor
Erhard Weigel

Als eine der schillerndsten Persönlichkeiten in der Jenaer Geschichte wirkte im 17. Jahrhundert Erhard Weigel. In der Wissenschaftsgeschichte nimmt er als Mathematiker, Astronom, Pädagoge, Kalenderreformer und Erfinder einen festen Platz ein.

Mit 28 Jahren trat der 1625 geborene Erhard Weigel seine Professur als Mathematiker an der Alma Mater an. Seine Interessen gingen jedoch weit über dieses Fach hinaus. Bis heute werden in naturwissenschaftlichen Sammlungen die von ihm hergestellten Himmelsgloben, die die Stellung der Sterne am Himmel veranschaulichen, bewundert. Zur Ordnung des Sternenhimmels verwendete Weigel anstelle der alten Sternbilder, die sich auf die antike Mythologie beziehen, oft Wappen europäischer Herrscherhäuser. Deshalb werden diese Globen auch als heraldische Globen bezeichnet. Von besonderem Interesse aber sind die als Pancosmos bezeichneten Globen, übermannsgroße, begehbare Himmelsgloben, von deren Inneren aus man quasi in das Weltall schauen konnte. Die helleren Sterne waren auf der Globuswandung durch kleine Löcher wiedergegeben, durch die das Tageslicht in das Innere des Globus fallen konnte. Auf diese Weise wurde für die sich in der Kugel befindenden Beobachter der Eindruck des Sternenhimmels erzeugt. Weigel kann man damit als einen der Erfinder des Planetariums bezeichnen. 1661 installierte er auf dem Schloss in Jena einen begehbaren Himmelsglobus mit einem Durchmesser von über fünf Metern, sehr zum Staunen der Zeitgenossen.

Als Architekt arbeitete er für die Universität und für den Jenaer Herzog. 1656 beaufsichtigte er den Umbau des Torgebäudes im Collegium Jenense, das um drei Geschosse aufgestockt und mit einer Plattform für astronomische Beobachtungen bekrönt wurde. Von 1659 bis 1661 leitete er den Schlossumbau und von 1667 bis 1670 ließ er sich ein Wohnhaus errichten, das wegen seiner technischen Raffinessen zu den Sieben Wundern von Jena zählte.

Große Verdienste erwarb sich Weigel um die Einführung der Kalenderreform. Bis 1582 war der Julianische Kalender für alle europäischen Länder verbindlich. Aufgrund eines Fehlers hatte sich jedoch eine Zeitdifferenz von elf Tagen eingeschlichen, die bei der Festlegung christlicher Festtage Probleme bereitete. Deshalb führte Papst Gregor XIII. im Jahr 1582 einen neuen Kalender ein, der diesen Fehler korrigierte. Seitdem gab es zwei Kalender: im katholischen Gebiet galt der Gregorianische, im protestantischen Gebiet weiterhin der veraltete Julianische. Weigel setzte sich für einen auch für die protestantische Seite akzeptablen Kompromiss ein, für den er mit verschiedenen Schriften warb. Doch erst nach seinem Tod beschloss der Reichstag am 23. September 1699 in Regensburg, die Kalenderreform nach Weigels Kompromissvorschlag durchzuführen.

Der Weigelsche Sternenhimmel mit den Wappen europäischer Fürsten und Sinnbildern.

Auch als Pädagoge erwarb sich Weigel Ansehen. Während seiner Lehrtätigkeit stellte er schnell fest, wie schlecht die meisten Studenten auf ein Studium vorbereitet waren. Um diesem Missstand abzuhelfen, entwarf er Pläne für eine Reform des Schulunterrichts. Im Unterricht sollte nicht nur der Verstand, sondern auch der Wille ausgebildet werden. Dazu gehörten nach seinen Vorstellungen die Aufwertung der Muttersprache, spielerische Formen des Unterrichtens und größere Anschaulichkeit. Auf diesen Überlegungen basierend gründete er in den 1680er-Jahren eine Kunst- und Tugendschule hinter seinem Haus, in der Kinder und Jugendliche mit Erfolg unterrichtet wurden.

Mit seinem Gespür für praktische Anwendungen entwickelte er zahlreiche Geräte und didaktische Modelle. Ein noch heute verwendetes Instrument ist sein – leicht modifizierter – Sternweiser (Astrodicticum simplex), der das Auffinden von Sternen am Himmel erleichtert.

22 Heiraten und Regieren
Das Herzogtum Sachsen-Jena

Das Jenaer Herzogtum kann als Musterbeispiel für einen thüringischen Kleinstaat gelten. Obgleich es nur knapp 20 Jahre existierte, erlebten Baugewerbe, Handel und Kultur in dieser Zeit einen deutlichen Aufschwung.

Als Herzog Wilhelm IV. von Sachsen-Weimar am 17. Mai 1662 starb, wurde seinen vier Söhnen in einem sogenannten Mutschierungsvertrag je eine Residenz zugewiesen: Johann Ernst das Rote Schloss in Weimar, Adolf Wilhelm Marksuhl, Johann Georg Eisenach und Bernhard Jena. Bis 1672 regierten sie das Herzogtum Sachsen-Weimar gemeinsam.

Der Tod von Wilhelm August, dem Sohn Adolf Wilhelms, im Jahr 1671 und das Erlöschen der Sachsen-Altenburgischen Linie 1672 brachten für Sachsen-Weimar eine Gebietserweiterung und damit auch die Möglichkeit einer Landesteilung. So wurde Jena die Hauptstadt des selbständigen Territoriums Sachsen-Jena. Dessen Gebiete lagen jedoch über ganz Thüringen verstreut, dabei umfassten sie gerade einmal neun Quadratmeilen – etwa 515 Quadratkilometer. Dazu gehörten die Orte und Ländereien Jena, Allstedt, Dornburg, Buttelstedt, Bürgel, Heusdorf, Kapellendorf, Magdala, Gebstedt, Döbritschen, Remda und Apolda.

Bernhard, der Sohn Wilhelms IV., hatte schon während seines Studiums an der Universität von Februar 1654 bis November 1657 im Jenaer Schloss gewohnt und stand der Salana als „Prinzenrektor" vor. Von einer Reise nach Paris 1658 erhoffte er sich Kontakt zum französischen Hof. Der blieb zwar aus, die Reise ermöglichte ihm aber in der Folge 1662 die lukrative Vermählung mit Herzogin Marie de la Trémouille, die ein ansehnliches Ehegeld von 80.000 Talern mitbrachte. Auch wenn die Ehe nicht glücklich verlief, gebar Marie fünf Kinder, von denen nur Charlotte Marie und Johann Wilhelm das Kleinkindalter überlebten. Aus der Liaison des Herzogs mit dem Hoffräulein Maria Elisabeth von Cospoth stammte zudem ein Mädchen, das später zur Gräfin von Allstedt erhoben wurde.

Die Hofhaltung des Herzogspaares entsprach mit über 100 Bediensteten dem Versailler Vorbild. Die Kosten dafür übertrafen jedoch die finanziellen Möglichkeiten Bernhards bei weitem und so verschuldete sich das Herzogtum. Auch zusätzlich erhobene Steuern glichen das Defizit nicht aus. Selbst die Prägung eigener Münzen in Mansfeld erwies sich als Fehlschlag; sie brachte Bernhard nur den Unmut des sächsischen Kurfürsten ein.

Gelungener waren Bernhards Bemühungen um den Aufbau einer funktionierenden Verwaltung mit Regierungsbehörden. Auch sein Interesse am Bauen zeigte Erfolge: Neben Umbauten am Schloss und Collegium Jenense ließ er ein Ballhaus am Fürstengraben und ein Schießhaus in der Lehmgrube, nahe dem heutigen Planetarium, errichten. Er finanzierte den Umbau der Stadtkirche

Stadtansicht Jenas von Norden, Herzog Bernhard von Sachsen-Jena gewidmet.

mit, ließ den Schlegelschen medizinischen Garten (heute Botanischer Garten) vergrößern und eine Lindenallee an der Nordseite des Schlosses pflanzen. Vor der Stadtmauer wurden neue Häuser für seine Bediensteten errichtet und die Stadtgräben ausgebessert, um der Gefahr eines Türkeneinfalls entgegenzuwirken. Zudem initiierte er die Sanierung des Magdalenenspitals (am Spittelplatz), den Bau eines Pesthauses sowie die Pflasterung der Leutra- und Löbdergasse.

Bernhards große Liebe aber galt der Musik. Nach der Auflösung der Weimarer Hofkapelle 1664 holte er den Hofkapellmeister Adam Drese nach Jena, der mit dem aus über 15 Musikern bestehenden Orchester zahlreiche Aufführungen realisierte. Der Herzog besaß eine umfangreiche Bibliothek, sammelte Münzen sowie eine Vielzahl von naturwissenschaftlichen Instrumenten und richtete im Schloss ein alchemistisches Laboratorium ein.

Bernhard starb mit kaum 40 Jahren am 3. Mai 1678, sein Sohn Johann Wilhelm war erst drei Jahre alt. Dessen Ausbildung übernahmen Bernhards Brüder, zunächst Johann Ernst und nach seinem Tod Johann Georg I. Beide führten für Johann Wilhelm die vormundschaftliche Regierung des Herzogtums Sachsen-Jena. Als der Prinz mit 15 Jahren an den Blattern starb, erlosch das kleine Herzogtum. In der Gruft der Stadtkirche Jena ist die Herzogsfamilie bestattet.

23 Von Tugendschule bis Jenaplan
Jena als Stadt der Reformschulen

Alternative Lehrmethoden diskutierte man verstärkt ab dem 18. Jahrhundert. Das pädagogische Konzept der „Jenaplan-Schule", das in Jena erstmals praktiziert wurde, setzt sich seit 1927 in mehreren Ländern bis heute durch.

Bereits 1683 begann Erhard Weigel mit dem Unterricht in seiner „Kunst- und Tugendschule", die auf konkrete Anforderungen des Lebens ausgerichtet war. In einer Art Ganztagsschule nahm er schon Kinder ab vier Jahren auf. Spielerisch mit von Weigel selbst konstruierten Lehr- und Bewegungsmitteln sollten alle Sinne der Kinder mobilisiert und ihnen lustvolles und konzentriertes Lernen ermöglicht werden.

Von 1762 bis 1764 wurde im Gasthof des Darjes'schen Freigutes in Camsdorf, heute die „Grüne Tanne", die erste Realschule in Thüringen, die „Rosenschule", betrieben. Schon ihr Name kennzeichnete die Schule als freimaurerisches Projekt, gegründet und unterhalten von der Jenaer Freimaurerloge „Zu den drei goldenen Rosen". Diese Einrichtung war der „Erziehung armer Kinder zum Nutzen der wirtschaftlichen Beschäftigungen" gewidmet. Neben Schreiben, Rechnen, Lesen, Zeichnen und Religion erwarben die Zöglinge auch praktisch anwendbare naturwissenschaftliche, landwirtschaftliche und ökonomische Kenntnisse.

Während im 19. Jahrhundert in der benachbarten Residenzstadt Weimar vor allem Mädchenpensionate aufblühten, gab es in Jena mehrere private Knabenerziehungsanstalten mit Internatsanschluss. Von 1834 bis 1875 führte Gustav Zenker allein mit konservativen Lehrmethoden die Jungen zur Hochschulreife. Von 1844 bis 1930 existierte die Stoy'sche Erziehungsanstalt, in der Karl Volkmar Stoy die erste Turnhalle in Thüringen einrichtete. Die Schüler wurden – auch dies ein völlig neuer Ansatz – in verschiedene Verantwortungsbereiche einbezogen, es gab Schülerausschüsse und Jugendgerichte.

1890 gründete Johannes Trüper die erste heilpädagogische Anstalt für geistig, seelisch und sozial entwicklungsgestörte Kinder in Deutschland. Mit neuen Unterrichts- und Erziehungsformen, die den natürlichen Lebensbedürfnissen entgegenkamen, wurden sie auf ein integriertes Erwachsenenleben vorbereitet. Trüper gilt neben Hermann Lietz auch als Begründer der Landerziehungsheime.

Nur vier Jahre später eröffnete Karl Brauckmann eine „Lehr- und Erziehungsanstalt für gehörleidende Kinder". Er unterrichtete mit Erfolg Kinder und Erwachsene aus dem In- und Ausland in dem von ihm entwickelten „Jenaer Verfahren", das erstmals auf dem Prinzip des Lernens durch Absehen beruhte.

Ab 1919 etablierten sich in Jena mehrere Versuche der Montessori-Pädagogik in Kindereinrichtungen, die – mit Unterbrechung von der NS-Zeit bis zum Ende der DDR – seit der Wende wieder praktiziert werden.

Gruppenarbeit in der Jenaplan-Schule in der Grietgasse.

Ein völlig neues Modell für Volksschulen entwickelte Peter Petersen. Mit den Grundformen Arbeit, Gespräch, Feier und Spiel sowie durch gegenseitige Selbsterziehung wollte er in jahrgangsübergreifenden Gruppen von Mädchen und Jungen eine umfassende Menschenbildung erreichen. Projektarbeit anstatt des 45-minütigen Unterrichts sollte die Selbständigkeit der Schüler fördern, verbale Beurteilungen die Zensuren ersetzen. Eltern, Schüler und Lehrer wurden als eine Gemeinschaft gesehen. Das von Petersen 1927 in Locarno vorgestellte „Jenaplan-Pädagogik"-Modell wird inzwischen weltweit praktiziert. 1991 wurde die Jenaplan-Schule in Jena neu gegründet, sie erhielt 2006 den Deutschen Schulpreis. Allein in Deutschland gibt es heute 68 dieser Einrichtungen. Die meisten Jenaplan-Schulen existieren in den Niederlanden, sie sind aber auch in Österreich, Belgien, Italien und Chile vertreten.

24 „In Jena weiß man frey und burschikos zu leben.“ Jena als „Renommisten-Universität“

Als degentragend, grob und stets zu Händeln bereit wurden die Jenaer Studenten in der Mitte des 18. Jahrhunderts charakterisiert. Ihr burschikoser Lebensstil stand im Gegensatz zu den sich an französischer Lebensart orientierenden Leipziger „Stutzern“.

Im Dreißigjährigen Krieg sank die Zahl der Studenten an der Salana drastisch, im Jahr 1640 war mit 103 Immatrikulationen der Tiefpunkt erreicht, ein Jahr später betrug die Gesamtzahl der Studenten nur 246. In der zweiten Hälfte des 17. Jahrhunderts aber wuchs der Ruf der Alma Mater als Universität der deutschen Frühaufklärung, an der innovative Professoren wie Werner Rolfinck und Erhard Weigel lehrten. Von 1706 bis 1720 war Jena sogar die meistbesuchte Universität in den deutschen Ländern. Als eine der protestantischen Hochschulen zog sie auch viele ausländische Studenten aus Südost- und Osteuropa wie Schlesien, Ungarn, Transsylvanien sowie den skandinavischen Ländern an, die oft keine eigenen Universitäten unterhielten. Zudem trugen die im Vergleich mit anderen Städten geringen Lebenshaltungskosten zum Aufschwung der Salana bei.

Die meisten der frisch Immatrikulierten waren kaum älter als 16 oder 17 Jahre. Halt fanden sie in den Tischgesellschaften oder Landsmannschaften mit anderen Studenten aus ihrem Herkunftsgebiet, sie mussten sich aber auch den hier herrschenden Bräuchen unterordnen. Dazu gehörte die Deposition, ein barscher Initiationsritus, der mit einem von den Neuankömmlingen zu bezahlenden Akzeßschmaus endete. Der bis in das 18. Jahrhundert ausgeübte Pennalismus zwang die Erstsemester zu Diensten für die Älteren. Trinkgelage und Übungen im Umgang mit dem Degen gehörten vor allem in Jena zum studentischen Alltag. Viele tätliche Auseinandersetzungen richteten sich gegen die „Philister“, die Bürger und Handwerksburschen. Vor allem wegen der häufigen Duelle mit Angehörigen anderer Landsmannschaften um die „Ehre“ und des Kampfes um die akademische Freiheit bezeichnete man die Jenaer Studenten als „Renommisten“.

Auch in anderen großen Universitätsstädten prägte das Lokalkolorit besondere Verhaltensweisen der Studenten. So galten die Leipziger als höfisch-galant, als mode- und vergnügungsbewusste „Stutzer“, die gern amourösen Abenteuern nachgingen, die Hallenser hingegen als fromm, abstinent und fleißig studierende „Mucker“. Die Wittenberger waren für ihre Freundschafts-Trinkgelage bekannt. Als Reim kursierte damals „Wer von Leipzig kommt ohne Weib, von Jena ungeschlagen, der hat von großem Glück zu sagen“.

Bereits auf einer Medaille des Gothaer Stempelschneiders Friedrich Christian

Stammbuchblatt mit Charakterisierung der vier Studententypen von Leipzig, Halle, Jena und Wittenberg.

Wermuth aus dem Jahr 1699 werden diese studentischen Charakteristika dargestellt. Vielfach begegnet man den studentischen Typen auf zeitgenössischen Abbildungen, die in Freundschaftsbücher, die sogenannten Stammbücher, eingelegt sind. Die Eigenart der Renommisten fand auch in der Literatur, wie z. B. in einem Heldengedicht von Friedrich Wilhelm Zachariä aus dem Jahr 1772, Niederschlag. In einem anderen Gedicht aus dem Jahr 1763 heißt es:

In Jena ist es Mode so:
Da kann der Bruder Studio
Bei seinem eifrigen Studiren
Zugleich ein freies Leben führen.
Kommt nun ein Jenscher Renommist,
Der Galle zeigt und Eisen frißt,
So kann sein hohlgeschliffner Degen
Die halbe Welt zusammenfegen.
In Leipzig ist man Tag und Nacht
Auf Mädchens Putz und Pracht bedacht;
In Halle giebt es viele Mucker,
In Wittenberg Kaldaunenschlucker,
Nur Jena ist von diesen frey,
Und setzt es gleich zur Schlägerey,
So wird doch dieser Satz von jedem zugegeben:
In Jena weiß man frey und burschikos zu leben.

Allerdings beschränkten sich die Unterschiede zwischen den Studenten nicht allein auf diese Merkmale. Auch die Farben der Kleidung der einzelnen Landsmannschaften innerhalb einer Universität waren unterschiedlich und wiederholten sich an den Bändern der Stoßdegen, die in der Öffentlichkeit getragen wurden.

25 Loge „Zu den drei Rosen" Freimaurer in Jena

Jena und seine Universität bildeten einen idealen Nährboden für die Freimaurerei und für zahlreiche Varianten von Geheimen Gesellschaften. Einem in dieser Szene aktiven Hochstapler gelang es, auf spektakuläre Weise sogar Einfluss auf die Entwicklung der Freimaurerei in Deutschland zu nehmen.

Das Bedürfnis nach Geselligkeit und Kommunikation gewann im Zuge der Aufklärung neben dem Drang nach Wissen enorm an Bedeutung. Eine große Rolle spielte dabei die Freimaurerei: Stadtbürger, Professoren und Studenten pflegten gemeinsam und über Standesschranken hinweg Kommunikation und Geselligkeit, feste Rituale stärkten den Zusammenhalt der Freimaurer. Die erste Jenaer Loge gründeten im Winter 1746 baltische Studenten, die bereits in der Freimaurerloge „Zu den drei Degen" in Halle Mitglied gewesen waren. Der Jenaer Professor Joachim Georg Darjes übernahm als „Meister vom Stuhl" den Vorsitz. Die Loge arbeitete nach dem System der Johannismaurerei, die sich auf die Grade Lehrling, Geselle und Meister beschränkte. Eine Konkurrenz dazu war die 1748 von dem Kammerdiener Wilhelm Matthias Neergard gegründete „Loge zu den drei brennenden Herzen", die jedoch nur bis 1750 bestand. Neergard versprach seinen Anhängern, unter denen sich überwiegend Studenten befanden, höhere Erkenntnisstufen zu erreichen.

Mit Georg Friedrich von Johnssen kam 1763 ein Hochstapler nach Jena, der auf die Jenaer Loge, die inzwischen den Namen „Zu den drei goldenen Rosen" trug, großen Einfluss nahm. Er ernannte sich zum Großprior, umgab sich mit alchemistischem Geheimwissen und versprach künftigen Reichtum für die Mitglieder seiner Loge. Sein Einfluss reichte so weit, dass sich am 6. November 1763 die „Loge zu den drei goldenen Rosen" von der Mutterloge „Zu den drei Weltkugeln" lossagte. Stattdessen unterstellte sie sich am 12. Februar 1764 als „Hauskommende Jena" dem Hochgradsystem der „Strikten Observanz", dem Reichsfreiherr Karl Gotthelf von Hund und Altengrotkau als Gründer vorstand. Die „Strikte Observanz" verstand sich als Hochgradmaurerei, die Zugang zu verborgenen Geheimnissen zusicherte und sich in der Nachfolge des mittelalterlichen Ritterordens der Tempelherren sah. Kennzeichnend für sie waren ein hierarchischer Organisationsaufbau und das Prinzip des unbedingten Gehorsams.

Um diesen neuen Orden zu legitimieren, rief Johnssen zu einem Konvent der Freimaurerlogen der deutschen Länder auf. Diese Zusammenkunft von Logen aus verschiedenen Städten fand von Mai bis Juni 1764 in Altenberga bei Jena statt. Dabei ging es auch um die finanzielle Konsolidierung des Ordens. Dafür machte Johnssen zwar generöse Zusicherungen, verfolgte aber vor allem die finanzielle Abschöpfung der Ordensmitglieder. Unter

Logengebäude am Löbdergraben.

anderem durch den Reichsfreiherrn von Hund in die Enge getrieben, flog der Betrug Johnssens auf, er verschwand mit der Ordenskasse und die Jenaer Loge wurde aufgelöst. Dafür gründete sich die Loge „Amalia zu den drei Rosen“ in Weimar.

Es dauerte über 100 Jahre, bis es in Jena wieder zu Logengründungen kam. Am 22. März 1891 wurde die Johannisloge „Zur Akazie am Saalestrande“ als Tochterloge der „Großen Landesloge der Freimaurer von Deutschland“ in Wenigenjena gestiftet. Meister waren der Fabrikant Ernst Pfeiffer und der Direktor der Optikerschule Hermann Pistor. Am 20. September 1889 erfolgte die Stiftung der Loge „Friedrich zur Ernsten Arbeit im Orient“, der vor allem Mitglieder des Lessingbundes beitraten. Am 17. August 1935 ordnete der nationalsozialistische Innenminister Wilhelm Frick das generelle Verbot der Freimaurer in Deutschland an. Erst nach der Wende nahmen beide Logen 1991 in Jena wieder ihre Arbeit auf.

26 Geheimer Besuch
König Friedrich II. von Preußen inkognito in Jena

In jeder Stadtchronik werden die Besuche hochrangiger Persönlichkeiten erwähnt. Für die Einwohner war das immer ein Anlass zum „Zusammenlaufen und Staunen". Doch dass der König von Preußen während des Siebenjährigen Krieges einmal in Jena übernachtete, blieb geheim.

Der Siebenjährige Krieg tobte von 1756 bis 1763. Im Ergebnis veränderten sich die politischen Konstellationen in Europa, die sich auch auf das Herzogtum Sachsen-Weimar auswirkten. Vor allem aber verschlechterten sich die Lebensbedingungen der Bevölkerung erheblich. Zum einen musste die Stadt Jena Rekruten ausrüsten. Zum anderen litten die Bewohner unter den Truppendurchzügen mit ihren Einquartierungen und den damit verbundenen Verpflegungsleistungen und Steuern. Preisanstiege für Lebensmittel und eine Geldentwertung waren die Folge.

Nach dem Erlöschen des Herzogtums Sachsen-Jena gehörte Jena bis 1741 zum Herzogtum Sachsen-Eisenach, danach zum Herzogtum Sachsen-Weimar. 1756 heiratete der Herzog Ernst August II. Constantin von Sachsen-Weimar die Prinzessin Anna Amalia von Braunschweig-Wolfenbüttel, eine Nichte des preußischen Königs Friedrich II. Nach dem frühen Tod ihres Gatten, der mit dem Beginn des Siebenjährigen Krieges zusammenfiel, versuchte Anna Amalia sich zwischen den Parteien Preußen und Österreich zu arrangieren. Unterstützt von der braunschweigischen Verwandtschaft konnte sie verhindern, dass die Vormundschaft für ihre Söhne in fremde Hände gelangte. Als Gegenleistung für die Erteilung der „venia aetatis" (Volljährigkeitserklärung), die ihr für die nächsten 17 Jahre die Vormundschaftsregierung (1759–1775) bis zur Regierungsfähigkeit ihres Sohnes Carl August sicherte, forderte Kaiser Joseph II. von Österreich ihre Unterstützung für seine Reichspolitik. Mit einem Kontingent von 668 Mann für die Reichsarmee erfüllte sie 1758 seine Forderung. Als aber ihr Onkel Friedrich II. am 3. Dezember 1762 auf einer Reise von Zwickau nach Gotha im Weimarer Schloss weilte und sie bei dieser Gelegenheit um Rekruten für sein preußisches Heer bat, erfüllte sie auch dessen Wunsch mit 235 Mann.

Friedrich II. hatte seine Reise nach Weimar am 2. Dezember unterbrochen und in Jena übernachtet. Doch keine Chronik berichtet darüber, bei wem er mit seinem Tross Quartier bezog.

Die Jenaer Studenten waren überwiegend friederizianisch eingestellt. Deshalb ist es nicht verwunderlich, dass sie den König bei seinem Eintreffen mit einem großen Fackelzug empfingen. Sie geleiteten ihn bis zum Haus Johann Wolfgang Bieglein-Kreusslers, wo er wahrscheinlich auch übernachtete. Kreussler gehörte

Stammbuchblatt mit dem Einzug der Kutsche Friedrichs II. von Preußen an der Südseite des Marktes.

als Adoptivsohn von Heinrich Wilhelm Kreussler zur Dynastie der berühmten akademischen Fechtmeister in Jena und bewohnte ein Haus Unterm Markt. Er war gleichzeitig Stadthauptmann, befehligte die Bürgerkompanien und zählte zu den Honoratioren der Stadt. Zu Herzogin Anna Amalia pflegte er einen guten Kontakt, sie stattete ihm Besuche ab, wenn sie sich in Jena aufhielt. Ein vertrautes Gespräch zwischen Kreussler und Friedrich II. lag sicher in ihrem Sinn. Im Kreussler'schen Fechtboden dürfte auch ausreichend Platz für die Unterbringung der mitziehenden Soldaten und Offiziere aus Friedrichs Tross gewesen sein. Er war zudem vermögend genug, um die Kosten für die Übernachtung aufzubringen, denn er stellte sie der Stadt nicht in Rechnung.

Auch wenn die Jenaer Chronik Friedrichs Übernachtung unerwähnt lässt, so gibt es doch eindeutige Hinweise dafür: Mehrere Studenten ließen den Zug zu Kreusslers Haus von Stammbuchmalern in ihren Freundschaftsbüchern im Bild festhalten. Sie sind ein wertvoller Beleg für diese Begebenheit.

27 Klausur auf dem Blumen- und Pflanzenberge
Goethe in Jena

Als Minister des Weimarer Hofes führte Goethe die Jenaer Universität zu Bekanntheit und Wertschätzung. Er regte die Berufung führender Denker und Gelehrter an und initiierte den Ausbau der Naturwissenschaften. Zugleich konnte er hier eigene naturwissenschaftliche Studien treiben. Anregung erfuhr zudem sein dichterisches Schaffen.

Im Dezember 1775 weilte Goethe das erste Mal in der Saalestadt, im Juni 1830 ein letztes Mal. Zunächst wohnte er im Jenaer Schloss. Als Napoleon 1806 sein Zimmer in Beschlag nahm und das Schloss Lazarett wurde, nahm er erst im Bischoffschen Haus nahe dem Schloss, später im Inspektorenhaus im Botanischen Garten, in der „Tanne" und einmal auch im „Schwarzen Bären" Quartier. Insgesamt verbrachte Goethe knapp fünf Jahre seines Lebens in Jena, zumeist in seiner Funktion als Minister des Weimarer Hofes und Leiter der Kriegs- und Wegebaukommission. Er ließ die Saale zur Eindämmung der Hochwassergefahr regulieren und Straßen ausbauen. Die Anlage der Chaussee durch das Mühltal lag ihm, der häufig zwischen Weimar und Jena unterwegs war, besonders am Herzen. Vorrangig aber kümmerte er sich um die Universität. Durch sein Wirken wurde sie zur Wende vom 18. zum 19. Jahrhundert die „freieste, fortschrittlichste Hochschule Deutschlands", ein Zentrum deutschen Geisteslebens. Fichte, Schelling und Hegel, die drei wichtigsten Vertreter der deutschen klassischen Philosophie, lehrten in Jena.

Goethe initiierte 1781 den ersten Lehrstuhl für Chemie, den Johann Wolfgang Döbereiner besetzte, 1786 folgte die Einrichtung einer Professur für Botanik. 1794 wurde auf sein Drängen aus dem Fürstengarten ein Botanischer Garten mit Institut. Jahre zuvor schon hatte er Herzog Carl August überzeugt, das „Walch'sche Naturalienkabinett" mit mineralogischen und paläontologischen Stücken zu erwerben; sie bildeten einen Grundstock der naturwissenschaftlichen Sammlungen der Universität.

Goethe selbst besuchte Vorlesungen und trieb naturwissenschaftliche Studien. Mit dem Anatomen Justus Christian Loder zusammen entdeckte er 1784 den Zwischenkieferknochen beim Menschen neu. Auf seine Anregung hin wurde 1812 die Universitätssternwarte als Anbau an Schillers Gartenhaus errichtet. 1820, während seines fünfmonatigen Aufenthaltes in Jena, veranlasste er die Erneuerung der Universitätsbibliothek.

Zeitgenossen berichteten, Goethe sei in Jena viel freier und zugänglicher gewesen als in Weimar, wo ihm die Etikette des Hofes doch manchen Zwang auferlegte. Auch wenn Jena mit dem kulinarischen Angebot Weimars nicht mithalten konnte – von dort ließ er sich z. B. Kaviar, Gänsebrüste oder Madeira liefern – bekannte

Der „Erlkönig" hat, anders als das Denkmal unterhalb des Talsteins nahelegt, nichts mit Jena zu tun. Goethe verfasste die Ballade 1782 für ein Singspiel nach einer Übersetzung der dänischen Ballade „Erlkönigs Töchter" durch Herder.

er: „In Jena bin ich immer ein glücklicher Mensch." Das kreative Umfeld von Gelehrten und anregende Geselligkeiten trugen das Ihre zu seinem Wohlbefinden bei. Er pflegte enge Kontakte zu dem Verleger Carl Ernst Friedrich Frommann, genoss die Gastfreundschaft Griesbachs, war ein „Urfreund" Knebels, in dessen Wohnungen im Hellfeldschen Haus und am Paradies er oft zu Gast war. Ab Juli 1794 besuchte er immer wieder Schiller, mit dem sich eine enge, freundschaftliche und inspirierende Zusammenarbeit entwickelte. Wie dieser war auch Goethe von der reizvollen Umgebung Jenas begeistert, die er in zahlreichen Bildern festhielt. Auf einem seiner Ausflüge lernte er die junge Silvie von Ziegesar in Drackendorf kennen. Sie blieb über Jahre eine wichtige weibliche Bezugsperson seines dichterischen Schaffens. Das wurde, neben den Geselligkeiten in gelehrten Kreisen Jenas, vor allem durch die Gesellschaft Schillers angeregt. Ihm schrieb er: „Nur die jenaische absolute Stimmung kann mir dazu verhelfen, meinen Ideen Raum und Ordnung zu verschaffen." Knebel gegenüber bekannte er: „Hier bin ich fleißiger und gesammelter als in Weimar." In seiner zweiten Lebenshälfte gibt es kaum ein Werk, an dem er nicht in Jena arbeitete. So vollendete er z. B. „Wilhelm Meisters Lehrjahre" und „Hermann und Dorothea", schrieb Balladen wie den „Zauberlehrling". Er arbeitete an den von Schiller herausgegebenen „Horen" mit und verfasste gemeinsam mit diesem „Xenien", in denen sie den zeitgenössischen Literaturbetrieb aufs Korn nahmen.

Seit 2009 gibt es einen mit Messingblättern markierten Weg vom Rathaus zum Kirstenschen Haus, an dem in einer elektronischen Endlosschleife der Briefwechsel zwischen Schiller und Goethe zu lesen ist – Erinnerung an das glückliche Ereignis, das auf dem Jenaer Markt seinen Anfang nahm.

28 Die erste professionelle Jenaer Künstlerin

Louise Seidler

Louise Seidler, eine der bekanntesten und bedeutendsten Künstlerinnen in der ersten Hälfte des 19. Jahrhunderts, weist für eine Frau ihrer Zeit einen ungewöhnlichen Lebenslauf auf. Als Hofmalerin und Kustodin verdiente sie ihren Lebensunterhalt unabhängig von damaligen Normen.

Die im Jenaer Schloss als Tochter des Universitätsoberstallmeisters Seidler am 15. Mai 1786 geborene Louise wuchs vom fünften bis 14. Lebensjahr überwiegend im Haushalt der Großmutter und Tante auf, die ihr zeichnerisches Talent früh förderten. Danach besuchte sie drei Jahre das Stielersche Pensionat in Gotha, wo sie der Bildhauer Wilhelm Eugen Döll im Zeichnen unterrichtete. Ab 1804 lebte sie bei ihrem Vater in Jena, erhielt Unterricht in der Pastellmalerei durch Jakob Roux und war in allen gesellschaftlichen Kreisen der Stadt gern gesehen. Die Türen der Frühromantiker standen ihr ebenso offen wie das Frommannsche Anwesen am Fürstengraben, in dem sich die Hautevolee von Jena und Weimar traf. Goethe, der sie seit Kindheitstagen kannte, wurde früh auf ihr Talent aufmerksam.

Während der Besetzung durch die napoleonische Armee im Herbst 1806 verliebte sich Louise in den französischen Oberarzt Jean Baptiste Paul Geoffroy, der jedoch kurz nach ihrer Verlobung abkommandiert wurde und in Spanien an einem Fieber starb. Tief verzweifelt folgte sie einer Freundin nach Dresden. Dort war sie überwältigt von den Werken der Gemäldegalerie, nahm Unterricht bei Christian Leberecht Vogel und übte sich im Kopieren von Kunstwerken.

Goethe lobte ihre Arbeiten und vermittelte erste Ankäufe und Aufträge. Weil es Frauen verwehrt war, an der Kunstakademie zu studieren, wurde sie privat durch Gerhard von Kügelgen in der Technik der Ölmalerei ausgebildet. Nachdem Louise 1811 ihre Werke auf der Weimarer Kunstausstellung präsentiert hatte, erhielt sie während eines Aufenthalts in Gotha Aufträge des herzoglichen Hofes. Ihre Porträts gefielen und im November 1811 saß ihr sogar Goethe Modell – und war mit seinem Konterfei zufrieden. Ein Stipendium von Herzog Carl August von Sachsen-Weimar-Eisenach ermöglichte ihr einen weiteren Aufenthalt in Dresden. Nach den wechselvollen Jahren der Befreiungskriege und einer Erkrankung an Blattern folgte 1816 ein großer Schritt: Goethe bestellte bei ihr ein Gemälde des Pestheiligen St. Rochus. Mit dem Honorar, weiteren Aufträgen und einem Stipendium des Herzogs Carl August konnte sie ihre Studien in München und Italien fortsetzen. Dort arbeitete sie als Kopistin und Porträtmalerin, 1819 und 1822 beteiligte sie sich an Ausstellungen in Rom. Als sie die Nachricht bekam, dass ihr Vater

Selbstbildnis von Louise Seidler im Alter von 58 Jahren.

schwer erkrankt sei, kehrte Louise 1823 nach Jena zurück. Im Oktober 1823 erhielt sie für die nächsten fünf Jahre eine Anstellung als Zeichenlehrerin für die Prinzessinnen Marie und Augusta. Auf Empfehlung Goethes wurde sie 1824 als erste Frau in den deutschen Ländern als Kustodin verpflichtet und betreute seitdem die Großherzogliche Kunstsammlung in Weimar. Sie lebte fortan in der Residenzstadt und arbeitete unermüdlich an weiteren Werken.

Im Alter erschwerte ihr eine zunehmende Erblindung die Fertigung weiterer Bilder. Ihre Erinnerungen an die lebenslangen Kontakte zu zahlreichen Künstlern und Gelehrten bis hin in Adelskreise diktierte sie für ihre Memoiren, die ein lebendiges Bild des „Klassischen Jena“ und des Weimarer „Silbernen Zeitalters“ vermitteln.

Louise Seidler starb am 7. Oktober 1866 in Weimar, bisher sind 547 ihrer Werke nachgewiesen.

29 Schiller traut sich
Friedrich Schillers Jenaer Jahrzehnt

Als Professor für Philosophie lebte, lehrte und dichtete Friedrich Schiller zwischen 1789 und 1799 in Jena, es war die produktivste Zeit seines Schaffens. Hier traf er auf bedeutende Gelehrte und Denker, hier entwickelte sich die enge Freundschaft zu Goethe, hier entstanden wichtige seiner Werke und hier fand er auch das ersehnte familiäre Glück.

Friedrich Schiller war knapp 30 Jahre alt, als er aufgrund seiner Schriften zur Geschichte auf Vorschlag Goethes zum außerordentlichen Professor für Philosophie an die Jenaer Universität berufen wurde. 1782 war er der Württembergischen Militärakademie entflohen, in der er ab 1773 Jura und Medizin studiert hatte und als promovierter Militärarzt arbeitete. Nach kurzem Aufenthalt auf dem Bauerbachschen Gut der Familie Wolzogen, einem Intermezzo als Theaterdichter in Mannheim, privaten Besuchen in Leipzig und Dresden war er nun in Jena angekommen, dem Ort, an dem er die längste Zeit seines Lebens verweilte.

Als Schiller am 26. Mai 1789 seine Antrittsvorlesung hielt, spürte die ganze Stadt, dass mit dem Dichter der „Räuber" ein jugendlich frischer Geist eingezogen war. Während ihm in Württemberg dafür Festungshaft und Schreibverbot drohten, wurde er in Jena begeistert empfangen. Zu seiner Antrittsvorlesung am 26. Mai „Was heißt und zu welchem Ende studiert man Universalgeschichte?" zogen etwa 400 Studenten durch die Johannisstraße zum Griesbachschen Haus, das ein ausreichend großes Auditorium bot. Die meisten Vorlesungen fanden zu dieser Zeit in den Privaträumen der Professoren statt, denn die Universität verfügte nur über wenige Hörsäle. Auf dem Weg zu Griesbachs Haus gab es einen solchen Tumult, dass die Bürger der Stadt meinten, ein Feuer sei ausgebrochen. Auch wenn sich in den nachfolgenden Semestern die Zahl der Studenten deutlich verringerte, die seine Vorlesungen besuchten, gab sich Schiller größte Mühe, dem Amt gerecht zu werden. Weil er keinen „geistigen Vorrat" an historischem Wissen besaß, musste er die Vorlesungen anfangs wörtlich ausarbeiten.

Die Lehrtätigkeit war nicht das, was Schiller eigentlich wollte. Vielmehr sah er sich als historischen Schriftsteller, einer Verbindung von Geschichte und Künstlerdasein. Dennoch war Jena der Ort, an dem er sich im Umfeld großer Geister wie Hufeland, Griesbach, später auch Fichte, Herder und Wilhelm Humboldt wohl fühlte. Er schrieb: „Kein Ort in Deutschland würde mir das sein, was Jena und seine Nachbarschaft mir ist, denn … man nirgends eine so wahre und vernünftige Freiheit genießt und in einem so kleinen Umfang so viel vorzügliche Menschen findet." Dabei hatte er noch im Juli 1787 an seine spätere Schwägerin Caroline von Beulwitz geschrieben, dass er Mühe haben werde, mit diesem Volk hier zu leben. „Alles ist so alltägliche Ware und die Frauen besonders sind ein trauriges

Schiller auf dem Weg zur Antrittsvorlesung im Griesbachhaus.

Geschlecht …, denn die grimmigen Gesichter der Gelehrten verscheuchen alles, was Freiheit und Freude atmet". Glücklicherweise verschwand dieser Eindruck schnell. Mit der Einrichtung des üblichen Mittags- und Abendtisches für Kollegen und begabte Studenten sowie der Teilnahme an den wöchentlichen „Professorenkränzchen" tat Schiller, was von ihm erwartet wurde, wenn auch nicht mit Begeisterung.

Begeistert hingegen gab er sich seinem privaten Glück hin, das ihm mit Charlotte von Lengefeld begegnete. Im Februar 1790 heiratete das Paar in der Marienkirche in Wenigenjena, bekannt als Schillerkirche. Ein Medaillon von Otto Späte aus dem Jahr 1898 mit dem Brautpaar an der Kirchwand erinnert noch heute daran. Drei ihrer vier Kinder wurden in Jena geboren.

1794 fand schließlich auch das „glückliche Ereignis" statt: In Jena schlossen Schiller und Goethe ihre intensive und fruchtbringende Freundschaft. Sie arbeiteten an gemeinsamen Projekten, im Balladenjahr 1797/98 entstanden u. a. Schillers „Taucher", „Der Handschuh", „Die Bürgschaft" und Goethes „Zauberlehrling".

Mittlerweile hatte Schiller, nach Stationen in der Schrammei (Jenergasse 26), dem Gartenhaus in der Zwätzengasse 9 (heute Philosophisches Institut), im Kirstenschen Haus am Markt und in Griesbachs Haus am Saaltor, ein Gartenhaus (heute Schiller-Museum) erworben. In der neu erbauten Zinne fand er den idealen Arbeitsplatz, an dem seine Wallenstein-Trilogie entstand. Sie wurde 1798 in Berlin und 1799 in Weimar aufgeführt, wohin Schiller im selben Jahr zog, nachdem er seine Professur aufgegeben hatte. In Jena kann man Schiller in seinem Gartenhaus, dem Küchenhäuschen oder an dem historischen Steintisch seines Gartens nachspüren – immer noch eine Oase der Ruhe inmitten pulsierenden städtischen Lebens.

30 Steinreich

Die erste geowissenschaftliche Gesellschaft der Welt

Der Mineraloge Johann Georg Lenz gründete im Jahr 1797 in Jena die „Societät für die gesammte Mineralogie zu Jena" mit dem Ziel, eine große Sammlung aufzubauen. Seltene Steine, sogar Meteoriten, gelangten auf unterschiedlichen Wegen nach Jena.

Bis in das 18. Jahrhundert war die Mineralogie eine Liebhaberei einzelner Gelehrter. Der vielfach interessierte Jenaer Magister der Philosophie Johann Ernst Immanuel Walch war nicht nur Mitglied zahlreicher naturwissenschaftlicher Gesellschaften in Europa, er besaß auch eine große Sammelleidenschaft für Gesteine. Er verwendete sie vor allem für seine Vorlesungen zur Naturgeschichte. Nach seinem Tod 1778 vermittelten Goethe und der Mediziner Justus Christian Loder den Ankauf seiner Sammlung durch den Weimarer Herzog Carl August, der selbst Minerale besaß. Zusammengeführt wurden beide Kollektionen im Jenaer Schloss aufgestellt. Die Betreuung übernahm der Theologe Johann Georg Lenz, der einen ersten Katalog der Stücke erstellte. Seinen zahlreichen Kontakten zu Gleichgesinnten entsprang die Idee, eine Gesellschaft zu gründen, in der Wissen ausgetauscht und Mineralien gesammelt werden konnten.

Am 8. Dezember 1797 fanden sich 19 Interessierte in Lenz' Wohnung in der Johannisstraße ein und beschlossen, die „Societät für die gesammte Mineralogie zu Jena" zu gründen. In der Folgezeit bedachten sie weltweit einflussreiche Personen mit einer Ehrenmitgliedschaft und erwarteten im Gegenzug Minerale als Geschenk. Diese „Suiten" trafen schnell ein und erweiterten die Sammlung in den nächsten Jahren um interessante Stücke. Dazu gehörten auch seltene Meteoriten. Den bedeutendsten hatte Lenz bereits in der Sammlung von Walch vorgefunden. Es handelt sich um einen 837 Gramm schweren Pallasit, der von einem im Jahr 1749 bei Krasnojarsk in Sibirien entdeckten 700 Kilogramm schweren Meteoriten abgeschlagen wurde. Der Berliner Geograf Peter Simon Pallas, der während seiner Expedition in Ostsibirien als Erster diesen Stein-Eisen-Meteorit untersuchte, gab ihm seinen Namen.

1813 zählte die Societät bereits 1.522 Mitglieder aus zahlreichen Ländern der Erde. Die Gesellschaft löste sich mit dem Tod des letzten Geschäftsführers 1885 auf. Doch inzwischen hatte die Mineralogie einen hohen Stellenwert als Wissenschaft für die Anwendung bei industriellen Prozessen erreicht. Deshalb unterstützte die Firma Carl Zeiss Jena die Forschungen mit Apparaten, wie z. B. einem Quarz-Spektographen zur Bestimmung von Spurenelementen in Meteoriten.

Durch den geplanten Abriss des Schlosses für den Neubau des Universitätshauptgebäudes benötigte die inzwischen

Pallasite haben ein Oktaedrit-Netzwerk mit eingelagerten Olivin- und selten Pyroxenkristallen. Diese Kristalle können bis mehrere Zentimeter Größe erreichen.

stark gewachsene Mineraliensammlung neue Räume. Mit Unterstützung der Carl-Zeiss-Stiftung konnte 1904 neben dem Anatomieturm in der Schillerstraße (heute Leutragraben) ein großer Neubau bezogen werden. Am 9. April 1945 beschädigten Bomben das Institut schwer, auch Teile der Meteoritensammlung wurden vernichtet. Die meisten Mineralien überstanden den Zweiten Weltkrieg aber gut verpackt und ausgelagert.

Mit der dritten Hochschulreform der DDR im Jahr 1968 verlor die Sammlung ihre Einbindung in die Wissenschaft, weil der Lehrbetrieb der Mineralogie eingestellt wurde. Fünf Jahre später konnte wenigstens die „Herrenlosigkeit" der Steine beendet werden. Horst Franke erfasste die wieder zusammengetragenen Stücke und im Oktober 1989 wurden zwei Ausstellungsräume in der Sellierstraße 6 eröffnet. 1992 erfolgten die Integration und Neuorganisation der Mineralogischen Sammlung in das neu gegründete Institut für Geowissenschaften. Die Ausstellung ist seitdem um drei Räume erweitert. Auch der Pallasit erhielt seinen Platz und kann jeden Montag und Donnerstag von 13 bis 17 Uhr besichtigt werden.

31 Die kokette junge Witwe
Die Jenaer Frühromantiker

Der Ruf Jenas und seiner Universität als geistig innovatives Zentrum zog eine Gruppe kunst- und literaturinteressierter junger Leute an, die Dichtung, Philosophie und Wissenschaft auf neue Weise zu vereinen suchte. Sie wurde zur „Keimzelle" der romantischen Bewegung, die als „Frühromantik" oder „Jenaer Romantik" bekannt ist.

Wer sich mit der literarischen Romantik beschäftigt, stößt unweigerlich auf Jena als den Ort, an dem sie ihren Ausgang nahm. Als „Königreich der Philosophie" (Caroline Schlegel) erschien die Stadt einer Gruppe von kunst- und literaturinteressierten jungen Leuten, die sich zwischen 1796 und 1801 hier niederließ. Zu ihr gehörten die Brüder August Wilhelm und Friedrich Schlegel mit ihren Frauen Caroline und Dorothea, dazu gesellten sich die Dichter Ludwig Tieck, Novalis, Clemens Brentano und der Philosoph Friedrich Wilhelm Joseph Schelling.

Von der französischen Revolution begeistert, schwebte ihnen auch für die Literatur ein revolutionärer Umbruch vor, ein Gegenentwurf zur Weimarer Klassik und späten Aufklärung. In ihrer „progressiven Universalpoesie" (F. Schlegel) sollten Dichtung, Philosophie und Kritik vereint sein, eine völlig neue Idee von Literatur, die letztlich in der Romantisierung der ganzen Welt münden sollte. In der unvollendeten Form des Fragments veröffentlichten sie ihre Gedanken. Die polemischen, provokanten, mitunter auch ironischen Texte wurden in der eigens gegründeten Zeitschrift „Athenäum" publiziert.

Obgleich es Schiller war, der August Wilhelm Schlegel den Weg nach Jena gewiesen hatte, gab es zwischen ihm und den Romantikern erhebliche Spannungen. Während sie Goethe als Dichter des „Wilhelm Meister", als „Statthalter des poetischen Geistes auf Erden", gewogen blieben, lehnten sie Schiller ab. Er war ihnen zu idealistisch und zu pathetisch. Beim Lesen der „Glocke", schrieb Caroline Schlegel, seien sie „fast von den Stühlen gefallen vor Lachen".

Das Vorlesen, Theaterspielen und Diskutieren bestimmten den Lebensstil der Schlegelschen Großfamilie, einer besonderen Wohngemeinschaft, zu der sich immer wieder Gleichgesinnte gesellten. Das eigentliche Zentrum der Jenaer Frühromantik war jedoch nicht das heute als Romantikerhaus bekannte Gebäude, sondern das Haus in der Leutragasse 5, das 1945 Bomben zum Opfer fiel. In diesem Haus fand im November 1799 das legendäre „Romantikertreffen" statt, das für das kulturelle Leben Europas so bedeutsam werden sollte.

Die Gruppe der Romantiker wird in dem damals kleinstädtischen Jena nicht nur durch ihre neuen Ideen aufgefallen sein. Weit mehr dürfte ihr unkonventioneller Lebensstil für Aufmerksamkeit gesorgt haben. Friedrich und Dorothea Schlegel hatten in Jena lange Zeit in „wilder Ehe" gelebt, ehe sie heirateten, ein damals ungehöriges Verhalten.

Caroline Schelling, geborene Michaelis, verwitwete Böhmer, geschiedene Schlegel.

Caroline Schlegel war eine „kokette junge Witwe“, wie sie selbst gestand, und hatte, ehe sie August Wilhelm Schlegel heiratete, schon einige Affären hinter sich. Wegen ihres Lebenswandels und ihrer Verbindung zu Frankreich wurde sie als „leichtfertige“ Frau und „Democratin“ gesellschaftlich geächtet und durch die Obrigkeit diskriminiert. Das änderte sich kurzfristig in Jena, doch auch hier blieb sie ihrem Ruf treu. Sie ließ sich von Schlegel scheiden und heiratete Friedrich Wilhelm Joseph Schelling.

Die Jenaer Romantiker waren ihrer Zeit nicht nur mit ihrem unkonventionellen Lebensstil weit voraus; innerhalb ihrer Gemeinschaft herrschte auch Gleichberechtigung zwischen Mann und Frau, emotional wie intellektuell. Caroline und Dorothea diskutierten nicht nur über Literatur und Kunst, sie waren auch selbst produktiv. Caroline arbeitete u. a. an der Shakespeare-Übersetzung ihres Mannes mit, die nach der Lutherbibel als die bedeutendste Übersetzungsleistung der deutschen Literatur bewertet wird. Dorotheas Dichtungen und Übersetzungen erschienen allerdings, dem Geist der Zeit geschuldet, anonym unter der Herausgeberschaft ihres Mannes Friedrich Schlegel. Er war der Begründer der deutschen Indologie und der modernen Literaturkritik und verfasste zahlreiche Schriften zu Sprache, Literatur und Geschichte.

Aus der Fülle der Werke der Frühromantiker sind Tiecks „Romantische Dichtungen“ und Brentanos Volksliedsammlung „Des Knaben Wunderhorn“ die bekanntesten. Novalis hinterließ mit seinem unvollendeten Roman „Heinrich von Ofterdingen“ das Motiv der blauen Blume, das Symbol der Romantik schlechthin.

32 Bierdörfer und Eierkuchen
Jenas kleine Dörfer

Der Reiz Jenas wird vor allem durch seine ansprechende landschaftliche Einbettung in das Saaletal bestimmt. Dazu kommt eine Reihe in unmittelbarer Nähe liegende kleine Dörfer mit ihren spezifischen Prägungen, die immer wieder ein lohnendes Ausflugsziel sind.

Dem studentischen Frohsinn nachzugehen, gab es in Jena ausreichend Gelegenheiten. Doch weit reizvoller waren die fußläufig gut erreichbaren Dörfer in der nahen Umgebung. „Bierdörfer" nannte man diese Orte, die es im engeren Umkreis der Universitätsstadt gab. Hier wurden Bier und Weißbier gebraut, in den ortsansässigen Wirtshäusern gezapft und vor allem getrunken. Ausgiebige Trink- und Festgelage gehörten vom 18. bis zum Beginn des 20. Jahrhunderts zur studentischen Geselligkeit und waren einem festen Reglement (Comment) unterworfen, das von jeder studentischen Verbindung eigens festgelegt wurde. Dafür gab es zwar innerhalb der Stadt jeweils eigene Räumlichkeiten, doch weit mehr Anreiz boten die um die Stadt gelegenen Bierdörfer. Jede Landsmannschaft, jede Burschenschaft und jedes Corps besaß eine außerhalb Jenas gelegene Kneipe, in der zum einen das Bier billiger war als in der Stadt, zum anderen aber – und für manchen weit wichtiger – waren hier der universitären Gerichtsbarkeit Grenzen gesetzt. Da die Bierdörfer teilweise in Exklaven anderer Staaten lagen, waren sie dem Zugriff der Jenaer Universitätsobrigkeit und der Landesherrschaft entzogen. Damit boten sie sich nicht nur als idealer Ort für mitunter ausufernde Gelage an, sondern auch für die verbotenen Duelle.

Orte wie Ammerbach, Burgau, Lichtenhain, Löbstedt, Winzerla, Wogau, Wöllnitz, Ziegenhain und Zwätzen waren von Jena aus gut zu Fuß erreichbar. Deshalb hatte sich für den Gang in die Bierdörfer auch der Begriff „Dörfchengehen" eingebürgert. Im 19. Jahrhundert entwickelte sich zusätzlich der Brauch der „Bierstaaten", eine Persiflage auf die kleinstaatlichen Verhältnisse in den deutschen Territorien, besonders in Thüringen. Jena und Leipzig waren die Hauptorte für diesen Brauch, der heute nur noch vom Corps Franconia Jena in Regensburg gepflegt wird. Als Vorläufer der Bierstaaten gelten die Trinkspiele, eine Kombination aus karnevalistischer Parodie, kabarettistisch-literarischem Vortrag und übermäßigem Alkoholgenuss. Außenstehende sahen in dieser Mischung ein sichtbares Zeichen für den Verfall studentischer Kultur. Für die Gasthöfe der Dörfer aber bedeuteten die studentischen Gelage, die nicht selten mehrere Tage dauerten, eine feste Einnahmequelle.

Auch Dörfer ohne Brauerei hatten ihre Reize und boten den Gästen stets Besonderes, oft zum Ärger der Bürger Jenas. So hatte sich in einigen Dörfern, wie Kunitz oder Golmsdorf, der Weinbau derart etabliert, dass die Weinbauern der Stadt zu Recht um ihre Umsätze fürchteten.

Kunitz, eines der kleinen Dörfer um Jena.

Zudem lockten hier Genüsse, die es in Jena nicht gab, wie der Kunitzer Eierkuchen. Goethe ließ ihn zum Geburtstag der Tochter Maria Pawlownas in Kunitz kredenzen, Haeckel machte damit seiner Braut den Umzug nach Jena „schmackhaft“ und Ringelnatz schwärmte: „Ach Kind, wenn du ahntest, wie Kunitzer Eierkuchen schmeckt!“ Dass die Bewohner des Dorfes von den Stadtbürgern als „Eierkuchen“ verspottet wurden, nahmen diese gern in Kauf.

Camsdorf, früher noch ein eigenständiger Ort, lockte zum besonderen Einkauf, befand sich hier doch eine Reihe von Läden, die Kolonialwaren, Waren aus Übersee, wie Zucker, Kaffee, Kakao, Tee, Reis und Gewürze, im Angebot hatten. Als Hinweis darauf, woher die Händler ihre Waren bezogen, wurden sie als „Kameruner“ geneckt, auch wenn nicht sicher war, dass die angebotenen Waren aus der von 1884 bis 1919 deutschen Kolonie Kamerun kamen.

Bierdörfer im studentischen Sinne gibt es heute nicht mehr. Doch auf den kleinen Dörfern um Jena wird immer noch bzw. jetzt wieder gebraut. In Wöllnitz kann die Weißbierbrauerei auf eine lange Tradition verweisen, für die der Weißbierbrunnen in der Ortsmitte steht. An die alte Tradition anknüpfen will auch die Ziegenhainer Hausbrauerei mit kleinen Chargen handwerklichen Gebräus. In Ammerbach gibt es wieder ortseigenes Bier, das allerdings mangels Kapazitäten in Bayern gebraut wird. In Jenaprießnitz übt sich der Brau- und Heimatverein Wogau-Jenaprießnitz in der Kunst des Bierbrauens. Und wenn im Frühjahr und Herbst zur Verkostung des Ur-Prießnitzers eingeladen wird, bekommt man eine Ahnung davon, wie es einst zu Zeiten des „Dörfchengehens“ gewesen sein mag.

33 Morden und plündern
Preußens Untergang begann in Jena

Für die Historiker gilt die Doppelschlacht von Jena und Auerstedt am 14. Oktober 1806 als wichtige Zäsur im Vierten Koalitionskrieg; denn Napoleon Bonaparte schlug das preußisch-sächsische Heer und besiegelte damit den Untergang des Heiligen Römischen Reiches Deutscher Nation.

Nur selten konnte sich das kleine Jena mit Personen schmücken, die Weltgeschichte schrieben. Eine davon war der Kaiser der Franzosen; er zeigte sich den Einwohnern gleich zweimal innerhalb von zwei Jahren.

Als Napoleon Bonaparte am 13. Oktober 1806 durch die Stadt ritt, geschah dies allerdings nicht in friedlicher Absicht. Im Zuge des Vierten Koalitionskrieges, den er 1806 gegen Preußen und Russland führte, marschierten Anfang Oktober französische und preußische Truppen nach Thüringen. Während des Gefechts bei Saalfeld am 10. Oktober fiel der Kommandeur Prinz Louis Ferdinand von Preußen, was auch in Jena zu Unordnung und Panikerscheinungen führte. Zu diesem Zeitpunkt wusste Napoleon nicht, wo sich die preußische Hauptarmee befand, vermutete sie aber bei Weimar. In Eilmärschen zogen die Truppen Napoleons unter Marschall Lannes in Richtung Jena, das Korps Davout traf bei Hassenhausen, sechs Kilometer von Auerstedt entfernt, unvermittelt auf die preußische Hauptarmee. Die 20.000 Mann des Marschalls Lannes nahmen am Morgen des 13. Oktober Jena ein, plündernd zogen die Soldaten durch die Straßen. Napoleon, der mit seiner Garde gegen 16 Uhr von Gera aus in Jena eintraf, ritt auf den Landgrafenberg, den Lannes bereits eingenommen hatte. Napoleon ging davon aus, der preußischen Hauptarmee gegenüberzustehen, und beorderte alle nahegelegenen Truppen hierher. Mit großer Mühe hatten Lannes Soldaten ihre Kanonen den Steiger hinaufgezogen, was ihnen große Kampfvorteile brachte. Am darauffolgenden Morgen, dem 14. Oktober, herrschte dicker Nebel. Doch die Franzosen siegten in allen fünf Einzelgefechten, da die preußischen und sächsischen Generale unkoordiniert agierten. Auch in der Schlacht bei Hassenhausen, die am gleichen Tag tobte, unterlag die preußische Hauptarmee unter Befehl des Herzogs Karl Wilhelm Ferdinand von Braunschweig trotz des überlegenen Kräfteverhältnisses von 2:1. In diesen Kämpfen starben auf beiden Seiten etwa 30.000 Soldaten. Noch bis 1807 wurden in mehreren Jenaer Lazaretten ca. 4.500 „Blessierte“ gepflegt.

Alle umliegenden Dörfer hatten durch die Kämpfe Schaden erlitten: das Vieh geschlachtet, die Bewohner ausgeraubt, nicht wenige sogar getötet. Um den Plünderungen zu entgehen, flüchteten viele Einwohner Jenas mit ihren Habseligkeiten aus der Stadt, einige suchten Schutz im Griesbachschen Garten. Zu allem Übel brach auch noch ein großes Feuer in der Johannisstraße aus, das schnell auf angrenzende Gebäude übergriff. Trotz

Volkstümliche Darstellung der Schlacht bei Jena 1806.

einer gemeinsamen Löschaktion von Feuerwehr und französischen Soldaten, lagen am Ende 19 Häuser in Schutt und Asche. Die Gebäude wurden nicht wieder aufgebaut, später entstand auf dem Gelände der Eichplatz.

Zwei Jahre nach der Schlacht bei Jena und Auerstedt kam Napoleon noch einmal nach Jena. Vom 27. September bis 14. Oktober 1808 fand in Erfurt der Fürstenkongress statt, auf dem er mit dem russischen Zaren Alexander I. sowie den Fürsten der Rheinbundstaaten einen Bündnisvertrag aushandelte. Während des Treffens ließ sich Napoleon mit einer Jagd auf dem Landgrafen gebührend feiern. An der Stelle auf dem Windknollen, an der er die Nacht vor der Schlacht 1806 bivakiert hatte, war ein Ehrentempel errichtet worden und 600 Einwohner umringten diesen in einem Ehrenkordon. Anlässlich der Feierlichkeiten versprach Napoleon Wiedergutmachungen für die Zivilbevölkerung in Höhe von 300.000 Franken, die 1811 an die Geschädigten ausgezahlt wurden.

Nach den Befreiungskriegen und der Niederlage Napoleons war der Weg zur völligen Neuordnung Deutschlands und Europas frei. Auf dem Wiener Kongress 1815 wurden die fünf europäischen Großmächte und die fürstliche Macht zwar gestärkt, aber auch ein relatives Gleichgewicht in Europa fixiert. Das Herzogtum Sachsen-Weimar-Eisenach erlangte den Status eines Großherzogtums. Der Prozess der Bildung bürgerlicher Nationalstaaten begann.

34 Von Katalysatoren zu Bakterien
Das Hellfeldsche Haus in der Neugasse

Etwas unscheinbar vor dem imposanten Jugendstilgebäude des Phyletischen Museums steht in der Neugasse 23 ein dreistöckiges Haus mit auffällig vielen Gedenktafeln. Die jüngste wurde 2016 angebracht und weist auf eine „Historische Stätte der Chemie" hin.

Das Hellfeldsche Haus wurde im 17. Jahrhundert in seiner jetzigen Gestalt neben dem heute nicht mehr existierenden Schlagbaum des Neutores errichtet, das die Reisenden auf der Landstraße von und nach Kahla passierten. Das Haus kann auf eine Reihe geschichtsträchtiger Nutzer und Bewohner verweisen. Im Jahr 1800 kaufte es der Mediziner Christian August Friedrich von Hellfeld. Fünf Jahre später mietete sich für einige Jahre Karl Ludwig von Knebel mit Familie ein. Der von Goethe als sein „Urfreund" bezeichnete Schriftsteller und Übersetzer, der als Prinzenerzieher am Weimarer Hof gearbeitet hatte, war nicht nur für den Geheimrat, sondern auch für die Jenaer Kreise ein begehrter Gesprächspartner und für Reisende die Adresse schlechthin, um die Empfehlung für eine Audienz in der Residenzstadt zu erhalten.

1816 befürwortete Goethe, unter dessen Aufsicht die Jenaer Institute und Sammlungen standen, den Kauf und Umbau des Hauses, um darin für die Universität ein Chemisches Institut mit Labor und Hörsaal einzurichten. Denn ab 1811 experimentierte der Professor für Chemie, Johann Wolfgang Döbereiner, nur in unzulänglichen Räumen des Schlosses. Von 1816 bis zu seinem Tod 1849 lebte und arbeitete er in der Neugasse 23. Hier gelangen ihm u. a. zwei wichtige Entdeckungen: die Katalyse der Wasserstoff-Verbrennung durch feinverteiltes Platin, die er in einem nach ihm benannten Feuerzeug umsetzte, und die Anordnung der Elemente nach den Ähnlichkeiten ihrer Eigenschaften in Triaden, ein Vorläufer des Periodensystems. Das Döbereiner-Feuerzeug war mit über 20.000 hergestellten Exemplaren ein Verkaufsschlager – von dem jedoch Döbereiner nicht profitierte. Mit der 1823 entdeckten katalytischen Wirkung des Platins fand er ein neues Forschungsfeld für die Chemie und Physik: die heterogene Katalyse, die von der chemischen Industrie bis heute für einen großen Teil ihrer Produkte genutzt wird.

Nach Döbereiners Tod erhielt der Professor für Mathematik und Physik Karl Snell das Haus als Wohnung und Labor. Dieses wurde in das Physikalische Institut umgewandelt. Auch sein Schwiegersohn Ernst Abbe lebte von 1871 bis 1879 im Haus und schrieb hier wahrscheinlich seine 1873 erschienene bahnbrechende Arbeit über Mikroskope. Von 1882 bis 1884 wurden hinter dem Hellfeldschen Haus ein modernes physikalisches Institut und das Zoologische Institut für Ernst Haeckel gebaut. Deshalb konnten bald nach Snells Tod 1886 die Räume in der Neugasse 23 von August Gärtner, dem ersten Hygiene-Professor in Deutschland,

Die bis heute unveränderte Stirnseite des Hellfeldschen Hauses in der Neugasse.

genutzt werden. Er machte sich einen Namen mit Werken über Wasserversorgung, Abwasser und Desinfektion. Die Stadt Jena verdankt ihm die Einrichtung einer modernen Kanalisation, was Gärtner im Volksmund den Spitzamen „Bazillen- oder Kanal-August" einbrachte. Er beriet auch die Jenaer Baugenossenschaft und den Volksbadverein bei ihren Vorhaben. Sein „Leitfaden der Hygiene" wurde zu einem vielfach übersetzten Standardwerk.

Als auch Gärtner einen Neubau für sein Institut erhielt, zogen weitere Universitätsinstitute, wie z. B. die Pharmakologie, in das Haus ein, das 1920 mit einem Anbau auf der Nordseite erweitert wurde. Heute befinden sich im Hellfeldschen Haus modern ausgestattete Labore, Büroräume und ein Hörsaal, die vom Institut für Mikrobiologie und der Exzellence-Graduiertenschule „Jena School for Microbial Communication" genutzt werden.

35 Neue Gesetze
Verfassungsväter aus Jena

Die Juristen Ernst Christian August Freiherr von Gersdorff und Eduard Rosenthal erarbeiteten maßgeblich die ersten wegweisenden Verfassungen für Thüringen, die ab dem 5. Mai 1816 und dem 12. Mai 1920 in Kraft traten.

Das Herzogtum Sachsen-Weimar-Eisenach war landständisch organisiert. Die Landstände setzten sich aus Vertretern des Adels und der Städte zusammen, sie konnten auf den Landtagen dem jeweiligen Herzog aber nur Beschwerden vorbringen und Steuern und Abgaben bewilligen oder ablehnen. Die Schlussakte des Wiener Kongresses 1815 forderte nun aber den Erlass von Verfassungen in den bestehenden deutschen Staaten. An der Verfassung für Sachsen-Weimar-Eisenach war maßgeblich Ernst Christian August Freiherr von Gersdorff beteiligt. Er hatte in Leipzig, Jena und Wittenberg Jura studiert und erhielt an der Salana 1845 die Ehrenpromotion. Ab 1807 stand er im Dienst des Herzogs Carl August von Sachsen-Weimar-Eisenach, für den er 1814/15 erfolgreich die Delegation während des Wiener Kongresses leitete. In diesem Zeitraum wurde unter seiner Federführung ein Verfassungsentwurf erarbeitet, den der Herzog während der Befreiungskriege versprochen und die Schlussakte des Wiener Kongresses 1815 eingefordert hatte. Darin erhielt der Landtag ein weitgehendes Kontrollrecht über die Staatsfinanzen. Der Landtag konnte zwar keine neuen Gesetze einbringen, diese aber dem Landesherrn vorschlagen. Neue Gesetze benötigten nun die Zustimmung des Landtages.

Die Verfassung hielt in Bezug auf Wahlen und Zusammensetzung des Landtages am alten Ständegedanken fest. Eine Parität zwischen Rittergutsbesitzern, Städtebürgern und Bauern stand nicht zur Diskussion, aber erstmals erhielten die Bauern eine parlamentarische Vertretung. Trotz zahlreicher Bestimmungen, die das Landtagswahlrecht erschwerten, bedeutete diese Verfassung den Übergang von einer feudal-ständischen Monarchie zu einem konstitutionell-monarchischen Staatswesen. Das „Grundgesetz über die Landständische Verfassung des Großherzogtums Sachsen-Weimar-Eisenach“ trat am 6. Mai 1816 in Kraft und brachte dem Großherzogtum den Ruf ein, das freieste deutsche Staatswesen zu sein.

Etwas mehr als einhundert Jahre später bewirkte die Abdankung Kaiser Wilhelms II. am 9. November 1918 kurz darauf auch den Regierungsverzicht der thüringischen Fürsten. Für den am 1. Mai 1920 entstandenen Thüringer Gesamtstaat bedurfte es nun einer neuen parlamentarischen Verfassung. Für diese erarbeitete der ab 1896 als Professor für Deutsche Rechtsgeschichte und Öffentliches Recht an der Salana lehrende Eduard Rosenthal wesentliche Inhalte. Am 11. März 1921 bestätigte der Landtag das Dokument, das neben Übergangsregelungen zur Integration der

Porträt Eduard Rosenthals von Gerlinde Böhnisch-Metzmacher.

bis dahin existierenden sieben thüringischen Kleinstaaten eine dreijährige Wahlperiode und die Errichtung eines Verfassungsgerichtshofes in Jena vorsah. Der Landtag erhielt eine zentrale Stellung im politischen System Thüringens. Volksbegehren und Volksentscheide waren möglich, aber an einen komplizierten Modus gebunden. Die Landesregierung sollte aus vier beamteten Fachministern und drei Staatsräten bestehen, die auch einen Vorsitzenden wählten. Dieser leitete die Sitzungen und vertrat Thüringen nach außen, besaß aber keine Weisungsbefugnis. Die bisherige kleinstaatliche Verwaltungsstruktur konnte erst am 1. Oktober 1922 durch eine Reform mit 15 Landkreisen und neun Stadtkreisen erneuert werden. Eduard Rosenthal, der als Vertreter der Jenaer Universität bereits ab 1909 im Landtag von Sachsen-Weimar-Eisenach ein Mandat besaß, zog 1919 als Abgeordneter der Deutschen Demokratischen Partei in den Thüringer Landtag ein. Heute erinnert sowohl in Jena als auch in Weimar eine nach ihm benannte Straße an den „Vater der Thüringer Verfassung“. Wegen des von den Nationalsozialisten entfernten und verschollenen Gemäldes von Raffael Schuster-Woldan erhielt die Jenaer Künstlerin Gerlinde Böhnisch-Metzmacher 1998 den Auftrag für ein neues Porträt Rosenthals. Ein Kunstprojekt verortete 2020 seine fünf wichtigen Wirkungsstätten in Jena, Weimar und Erfurt.

36 Spottbilder im Arrest
Karikaturen im Karzer

Alle Universitäten besaßen bis Anfang des 20. Jahrhunderts eine akademische Gerichtsbarkeit, die disziplinarische Vergehen der Studenten ahndete. Dazu gehörte der Arrest in eigens dafür geschaffenen Räumen, den Karzern.

Mit der Gründung der Hohen Schule 1548 erhielt der Rektor laut Statut auch die Strafgerichtsbarkeit über die Studenten. Zur Ahndung der studentischen Vergehen wurde zunächst in den Räumlichkeiten des Dominikanerklosters, dem Collegium Jenense, ein Karzer (Kerker) eingerichtet. Bis 1839 stieg die Zahl auf neun Arresträume. Sie waren spartanisch mit Bett, Stuhl, Tisch und Ofen ausgestattet. Ein als Pförtner agierender Universitätsangestellter, der zugleich die Aufsicht über die Karzer hatte, kontrollierte sie morgens gemeinsam mit dem Pedell darauf, ob auch keiner der Insassen geflohen war. Bis 1908 wurde die Bestrafung der Studenten im Karzer praktiziert.

Nach der Aufhebung der Karlsbader Beschlüsse am 2. April 1848 blühte das legalisierte studentische Verbindungswesen auf. Es gehörte nun für jeden Studenten zum guten Ton, neben dem Studium Mensuren zu schlagen, sich auf Kommersen zu betrinken und eine fidele Karzerhaft abzusitzen. Da sich die Delinquenten selbst verköstigen mussten und die schlecht besoldeten Karzerwärter gegen ein Trinkgeld meist beide Augen zudrückten, ließen sie sich Bier, Pfeife und Tabak bringen und empfingen nicht selten Besuch von Kommilitonen. Mit Kartenspielen, Rauchen und Trinken wurde der Karzer zu einem angenehmen „Hotel zur akademischen Freiheit". Die Einsitzenden gehörten während ihrer „Haft" automatisch zum „Corps Carceria", das die Farben Braun, Weiß und Schwarz für den Wahlspruch „Bier, Unschuld, Rache" gewählt hatte.

Heute ist in Jena nur noch ein Karzerraum erhalten, der aber eine besondere Geschichte aufweist. Wegen „tätlichen und wörtlichen Beleidigungen" am 10. Juni 1822 in der Gastwirtschaft „Tanne" in Wenigenjena mussten die Jurastudenten Wilhelm Ludwig Demme und Johann Georg Specht eine Karzerhaft absitzen. Während dieser erhielten sie Besuch von Martin Disteli, einem Philosophiestudenten aus der Schweiz, der sich am 2. Mai 1822 an der Salana hatte immatrikulieren lassen. Zu ihrer Unterhaltung zeichnete er mit Kohle Karikaturen auf die Wände, in denen er mehrere konservative Professoren und Goethe verspottete, dessen Bildnis die Eingangswand ziert. Motive aus der römischen Geschichte zeigen den „Raub der Sabinerinnen", auf dem sich mehrere Professoren mit leicht bekleideten Serviertöchtern aus Studentenkneipen aus dem Staub machen, und „Marius auf den Trümmern von Karthago", in dem ein alter Student auf einem Haufen geleerter Biergläser sitzt. Die Zeichnungen erregten

Karikaturen von Martin Disteli im Karzer.

so großes Aufsehen, dass sich sogar der Weimarer Großherzog während eines Aufenthalts in Jena den Raum ansah – und verfügte, dass er mit den Zeichnungen erhalten bleiben soll! Disteli entging nur knapp einer Bestrafung. Da er sich der verbotenen Burschenschaft und der Geheimorganisation „Jünglingsbund“ angeschlossen hatte, dazu auch noch bei einem Pereat, einer Schmähung gegen Goethe als Staatsminister, auf dem Markt zugegen war, drohte ihm Relegation und Festungshaft. Er floh über Berlin und Norddeutschland zurück in die Schweiz. Sein künstlerisches Talent nutzte er in der Heimat für den Broterwerb, er blieb politisch aktiv und geißelte in seinen Zeichnungen Lügner und Blender, bis er mit nur 42 Jahren 1844 starb. Seine Werke werden bis heute im Stadtmuseum Liestal und im Kunstmuseum Olten aufbewahrt.

Das Karzerzimmer, dessen Fenster man vom Kollegienhof aus sehen kann, wird derzeit restauriert und ist nach Voranmeldung bzw. zu besonderen Anlässen wie der Museumsnacht zu besichtigen.

37 Vom Handwerk zu Hightech
Die Firma Carl Zeiss Jena

Jena wurde 2021, wie zuvor London, Paris, Madrid, Rom, Berlin und München, als „Historische Stätte der Physik" ausgezeichnet und damit als sozialer Raum, der wissenschaftliche Innovation befördert, gewürdigt. 2022 erhielt die Carl Zeiss Jena GmbH für ein neues Mikroskopieverfahren den Zukunftspreis Deutschlands – Erfolge, für die Carl Zeiss 1846 den Grundstein gelegt hatte.

Mit der Eröffnung einer Werkstatt für Feinmechanik und Optik legte Carl Zeiss 1846 das Fundament für eines der bedeutendsten optischen und feinmechanischen Unternehmen der Welt. Unter Mitwirkung von Ernst Abbe und Otto Schott entwickelte sich der Handwerksbetrieb innerhalb weniger Jahrzehnte zum führenden Unternehmen der optischen Industrie.

Nach Zeiss' Tod 1888 wurde die Firma 1889 mit Abbe als Geschäftsführer in die Carl-Zeiss-Stiftung überführt, deren völlig neues Unternehmensmodell u. a. vorsah, Gewinne für wissenschaftliche und soziale Zwecke einzusetzen. Das Modell war erfolgreich, denn Zeiss expandierte. 1919 ging das 1884 von Schott gegründete Glaswerk in die Stiftung ein. Unter Abbes Leitung wurde die Produktpalette u. a. um optische Messgeräte, astronomische und photogrammetrische Geräte sowie medizinische Instrumente erweitert. Während der beiden Weltkriege erhielt die Produktion von Rüstungsgütern Vorrang. Dennoch konnte die Kompetenz zur Fertigung verschiedenster feinmechanisch-optischer Geräte erhalten und weiterentwickelt werden.

Nach Ende des Zweiten Weltkrieges war der Betrieb gezwungen, gewaltige Einschnitte in der Firmenentwicklung hinzunehmen. Die amerikanische Besatzungsmacht nahm in der Aktion „We take the brain" Patente, Konstruktionsunterlagen, Labore und Spezialmaschinen mit, dazu mehr als 120 führende Techniker und Wissenschaftler. Mit 77 von ihnen wurde in Oberkochen eine neue optische Fabrik gegründet, die ab 1951 als „Carl Zeiss" agierte und einer der schärfsten Konkurrenten des Jenaer Zeiss-Werkes wurde. Auch die sowjetische Besatzungsmacht bediente sich: Sie ließ zunächst das Werk auf Hochtouren laufen und dokumentierte die Abläufe, dann folgte im Oktober 1946 die nahezu vollständige Demontage. Maschinen und mit ihnen 275 Fachkräfte (Operation „Ossawakim") wurden an verschiedene Orte der Sowjetunion überführt, um hier funktionierende Fabriken aufzubauen.

Nach Entscheidung der sowjetischen Besatzungsmacht zum Wiederaufbau des Jenaer Zeiss Werkes konnten schon nach relativ kurzer Zeit unter dem Logo der angedeuteten Linse in den 1960er-Jahren die bekannten Produkte auch im Ausland wieder angeboten werden. Der VEB Carl Zeiss Jena wurde zum führenden Unternehmen der optischen Industrie für das sozialistische Wirtschaftsgebiet.

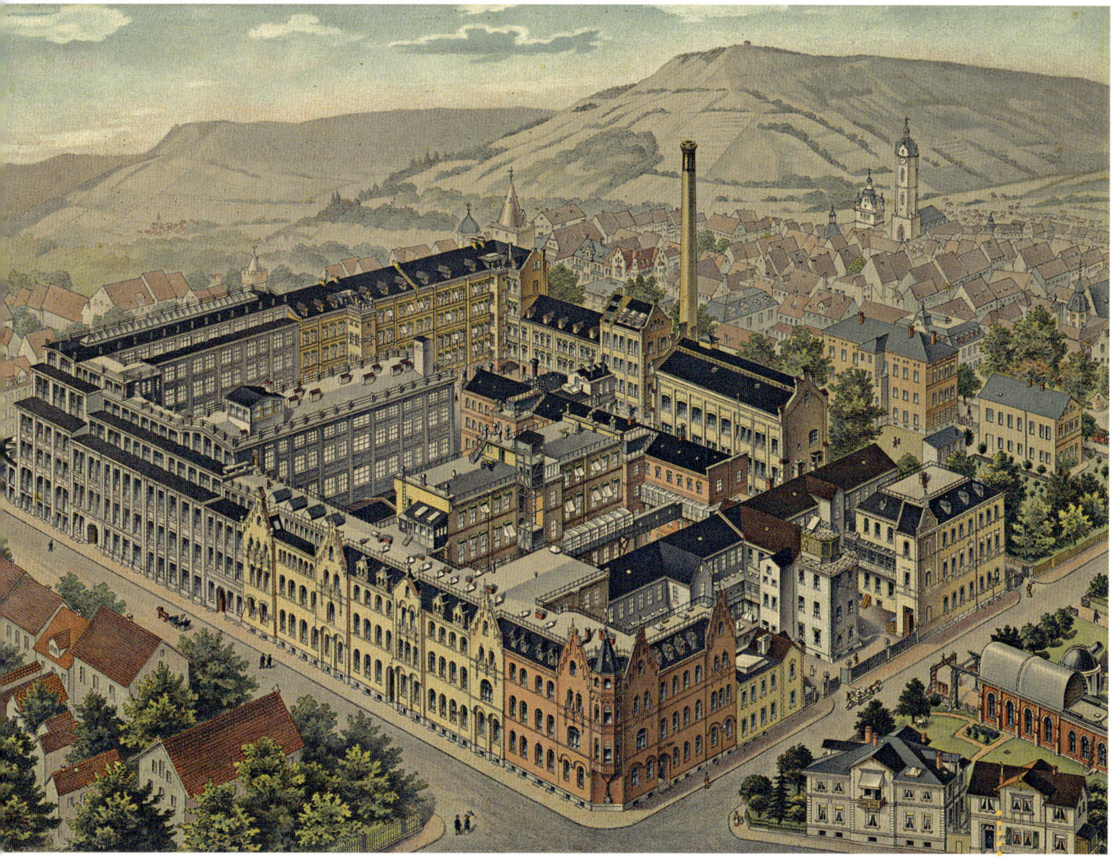

Carl-Zeiss-Werk im Jahr 1907.

Nach der Wende sind aus dem Kombinat VEB Carl Zeiss Jena die Unternehmen Jenoptik GmbH und Carl Zeiss Jena GmbH hervorgegangen. Bald wurde klar, dass Zeiss Jena in der freien Marktwirtschaft nicht überlebensfähig war. Im Streit um Stiftungs- und Namensrechte konnte zwischen Oberkochen und Jena unter Beteiligung der Politik 1991 eine Einigung erzielt werden. Das Stiftungsunternehmen übernahm mit einer Beteiligung von 51 Prozent die Führung des Jenaer Betriebes. In der Folgezeit hatte das vereinte Zeiss-Werk mit der schwersten Rezession seit 1945 zu kämpfen. Mitte der 1990er-Jahre wurde mit einer grundlegenden Sanierung des gesamten Unternehmens begonnen. Neues Führungspersonal, die Konzentration auf ein erfolgversprechendes Kerngeschäft, die Entflechtung konkurrierender Geschäftsbereiche in Ost und West sowie weiterer Personalabbau (in Jena von 2.800 auf 1.500 Mitarbeiter) waren Garanten für den Wiederaufstieg zum erfolgreichen Unternehmen. Im Jahr 1995 konnte die Carl Zeiss Jena GmbH zu 100 Prozent in das Stiftungsunternehmen überführt werden.

Im Ergebnis gelungener Sanierung ist Jena mit Medizintechnik, Mikroskopie sowie den Fertigungsbereichen Komponentenmontage, Mechanik und Optik präsent. Erfolgreiche Ausgründungen aus dem Jenaer Zeiss-Werk nach 1990, wie Jenoptik AG, Analytik Jena oder Jena Optronik, sorgen dafür, dass in Jena das Erbe von Zeiss, Schott und Abbe lebendig bleibt.

38 Vom Negativ zum Positiv
Die erste fotografische Lehranstalt in Deutschland

Wann in Jena das erste Foto aufgenommen wurde, kann nicht genau nachgewiesen werden, aber mit Julius Schnauß wirkte ab 1855 ein Pionier der Fotochemie und Verbreitung der Fotografie in der Saalestadt.

Vermutlich stammt die erste Fotografie aus Jena von dem in Weimar ansässigen Adelbert Schenk, der am 8. Mai 1852 in den „Blättern von der Saale“ annoncierte, er werde auf kurze Zeit nach Jena kommen und Lichtbilder auf Papier anfertigen. Am 7. Juni 1853 kündigte dann der Jenaer Carl Schenk an, ein „Atelier für unveränderliche Lichtbilder auf Papier“ zu eröffnen. Zwei Jahre später, am 13. Dezember 1855, begründete der Chemiker Julius Schnauß ein „Photographisches Atelier“ am Eichplatz. Dem 1827 geborenen und seit seiner Kindheit fast gehörlosen Schnauß blieb ein Universitätsstudium versagt, er bildete sich vorwiegend autodidaktisch in den chemischen und physikalischen Fächern. 1849 konnte er mit seiner Dissertation über Harnsäure den Doktorgrad erlangen. Bereits im Mai 1854 hielt er einen Vortrag über fotografische Chemie in der von dem Physiker Hermann Schaeffer gegründeten Mathematischen Gesellschaft. Seinem Gesuch vom 10. November 1855, ihm das Prädikat eines akademischen Lehrers für Fotografie an der Salana zu erteilen, wurde jedoch nicht stattgegeben.

Gleichzeitig mit der Eröffnung seines Fotoateliers gründete Schnauß ein „Photographisch-Chemisches Institut“, an dem er Fachkräfte für die deutschen Länder ausbildete. Über 100 Schüler unterrichtete er sowohl in Jena als auch extern durch briefliche Unterweisungen. Für die Erforschung der Fotochemie leistete Schnauß Pionierarbeit, indem er die Grundlage für die wissenschaftliche Erklärung der beim Entwickeln der fotografischen Bilder stattfindenden Prozesse bereitstellte. Seine Bücher „Katechismus der Photografie oder Anleitung zur Erzeugung photographischer Bilder“ von 1861 und das ein Jahr zuvor erschienene „Photographische Lexicon. Ein alphabetisches Nachschlage-Buch für den praktischen Photographen sowie für Maler, Chemiker, Techniker, Optiker etc. auf Grund der neuesten Fortschritte“ waren wegweisend. Sie erschienen nicht nur in mehreren Auflagen, sondern auch bald in englischer Sprache. Schnauß vereinfachte die fotografischen Vorschriften und analysierte fotografische Präparate und Rezepte. In vielen Fachzeitschriften publizierte er Artikel zu seinen Forschungen. Mit seinem Schüler Paul Liesegang gründete er die Zeitschrift „Photographisches Archiv. Illustrierte Berichte über den Fortschritt der Photographie“. Er war 1858 Initiator des „Allgemeinen Deutschen Photographenvereins“, dessen Sitz sich in Jena befand. Das Ziel des Vereins bestand

Blick über die Chirurgische Klinik auf den Bau des Oberlandesgerichtes und den Landgrafen 1879, Abzug einer Bromsilbergelatine-Emulsionsplatte ohne Silberbad von Julius Schnauß.

im Austausch von Ideen und Erfahrungen bei der Anwendung neuer fotochemischer Verfahren.

In den 1860er-Jahren ist von Schnauß die Herstellung durchsichtiger Glaspositive bezeugt, die als Lichtbilder und Fensterschmuck verwendet wurden. An der Zweiten thüringischen Gewerbe-Ausstellung in Weimar im Jahr 1861 beteiligte er sich u. a. mit Stereofotografien und erhielt einen Ehrenpreis für seine wissenschaftlichen Arbeiten.

Für seine Verdienste wurde er 1862 zum Mitglied der „Kaiserlich Leopoldinisch-Carolinischen Akademie der Naturforscher“ ernannt und bekam den ehrenvollen Beinamen „Daguerre“. Der Franzose Louis Daguerre war der Erfinder des ersten kommerziellen fotografischen Verfahrens, das nach ihm benannt wurde. Eine Anzeige im Jenaer Adressbuch von 1879 belegt, dass sich Julius Schnauß auch auf Reproduktionsfotografie, Lichtdruck und Fotolithografie spezialisiert hatte. Am 6. Dezember 1895 starb Schnauß 68-jährig in Jena.

39 Leben an der Hauswand
Gedenktafeln

Wer sich in Jenas Zentrum bewegt, hat sie vermutlich längst entdeckt: die zahlreichen Gedenktafeln an den Hauswänden. Inzwischen zählt man etwa dreihundert davon, mit denen Professoren und zu Bedeutung gelangter Studenten der Universität sowie namhafter Besucher der Stadt gedacht wird.

Mit dem Anbringen von 205 Gedenktafeln läutete die Stadt im Jahr 1858 eine Kultur des Erinnerns ein, der andere Universitätsstädte folgten. Anlass dieser Initiative war das 300. Jubiläum der Universität im August 1858, ein Fest, zu dem mehr als 3.000 Gäste aus ganz Deutschland anreisten. Der Höhepunkt der mehrtägigen Feier war die Enthüllung des Hanfried-Denkmals auf dem Markt, mit dem des Universitätsbegründers Johann Friedrich I. von Sachsen, genannt der Großmütige, gedacht wurde. Zudem hatten mehrere Professoren ein Projekt zur Erinnerung an bedeutende Wissenschaftler, die einst an der Salana wirkten, initiiert.

Anliegen dieses Kreises um den Mathematik- und Physikprofessor Hermann Schaeffer, den Direktor der Universitätsbibliothek Karl Wilhelm Göttling und den Theologen Karl Albrecht Vogel von Frommannshausen war es, mit Gedenktafeln an bedeutende Dozenten der Vergangenheit zu erinnern. Die Tafeln sollten vorrangig an deren Wohnungen oder Wirkungsstätten angebracht werden. Doch nicht nur die Auswahl der zu Ehrenden war schwierig, als problematisch erwies sich vor allem das Auffinden der Wohnstätten der ausgewählten Wissenschaftler.

Schließlich aber konnten 205 schmucklose Tafeln aus Zinkblech im Format von 30 mal 40 Zentimetern an den entsprechenden Hauswänden angebracht werden. Mit schwarzer Schrift auf weißem Grund wurden Name, Lebensdaten und Fachrichtung derer festgehalten, an die erinnert werden sollte, ein „(Weiter)Leben an der Hauswand“. Dem Jenaer Beispiel folgten auch andere Universitätsstädte, wie Göttingen und Marburg, in denen man heute Bauten mit dieser Art von Gedenktafeln finden kann.

Die Tradition der Gedenktafeln wird in Jena bis in die Gegenwart hinein gepflegt. Sie wirkt identitätsstiftend und ist Teil der universitären und städtischen Erinnerungskultur. Zum 350. Universitätsjubiläum 1908 bemühte sich der Lehrer und Heimatforscher Ernst Piltz um eine Ergänzung und Wiederherstellung von verloren gegangenen Tafeln, sodass bis 1934 bereits 287 Tafeln zu sehen waren. Nach der Zerstörung großer Teile der Jenaer Innenstadt im Frühjahr 1945 existierten nur noch 94 davon. Erst 1987 gründete sich im Kulturbund der Stadt eine „Arbeitsgruppe Gedenktafeln“, die neben einem Verzeichnis aller bis dahin angebrachten Tafeln auch 54 neue initiierte. Nach 1989 wurden viele Tafeln wieder instand gesetzt, manche auch wegen Baumaßnahmen an anderen Stellen angebracht.

Gedenktafeln am Physikalischen Institut am Helmholtzweg.

Ihre Zahl steigt bis heute kontinuierlich, denn inzwischen werden nicht nur Gelehrte der Universität, sondern auch für die Stadt bedeutende Persönlichkeiten geehrt. Die neueste Tafel gilt dem 1922 verstorbenen Lithografen Max Hunger, der mit seiner Sammlung Jenensia den Grundstock für die Sammlung des Stadtmuseums legte.

Das jüngste Projekt wurde auf Initiative des Vereins für Technikgeschichte in Jena e. V. gestartet. Seine Mitglieder brachten an der West- und Südseite des ehemaligen Zeiss-Gebäudes Bau 15 im heutigen Uni-Campus Gedenktafeln für Jenaer Wissenschaftler und Konstrukteure aus der optisch-feinmechanischen Industrie an. Zu jeder Tafel erschien zusätzlich im Jenaer Jahrbuch für Technik- und Industriegeschichte 2021 eine ausführliche Biografie.

40 „Keine Wohltaten, besseres Recht“ Ernst Abbe

Eine der vielseitigsten Persönlichkeiten in Jenas Geschichte war Ernst Abbe. Als Wissenschaftler, Unternehmer, Stiftungsgründer und Sozialreformer prägte er die Stadt in entscheidender Weise.

Neben Carl Zeiss und Otto Schott gehört Ernst Abbe zu den drei führenden Köpfen in Jena, die in der Zeit der Industrialisierung aus der kleinen Universitätsstadt einen prosperierenden Technologiestandort machten. Aus einfachen Verhältnissen stammend, fiel der am 23. Januar 1840 in Eisenach geborene Abbe bald durch seine naturwissenschaftliche Begabung auf. Gefördert durch private Unterstützung konnte er das Realgymnasium und ein Universitätsstudium in Jena und Göttingen abschließen. Im August 1863 in Mathematik und Physik in Jena habilitiert, las er als Privatdozent und richtete erstmals ein physikalisches Praktikum ein. Sieben Jahre später erhielt er eine Professur an der Alma Mater. Ab Juli 1866 arbeitete er mit Carl Zeiss zusammen, dem er die wissenschaftlichen Grundlagen für den Bau seiner Mikroskope lieferte. Mit der von Abbe entwickelten Beugungstheorie – der „Abbeschen Sinusbedingung“ für optische Systeme – war die notwendige Bedingung für die Vermeidung von Bildfehlern gegeben. Es folgten weitere von ihm entwickelte Mess- und Prüfgeräte wie Komparator, Fokometer, Refraktometer u. a. Als ihm Carl Zeiss 1875 die Teilhaberschaft an seiner Firma anbot, nahm er an. Nachdem Abbe wenige Jahre später den Chemiker Otto Schott zur Mitarbeit gewinnen konnte, der die Probleme der Linsenfertigung im neu errichteten Glaswerk löste, stieg die Firma Carl Zeiss Jena schnell zum weltweiten Marktführer für optische Produkte auf.

Seinen Gewinn setzte Abbe zunächst mit dem im Mai 1886 gestifteten „Ministerialfonds für wissenschaftliche Zwecke“ zur Förderung der Naturwissenschaften an der Universität ein. Damit ermöglichte er die Einrichtung neuer Professuren der Mathematik, Physik und Mikroskopie. Dieser Fonds ging nach dem Tod von Zeiss in die mit Schott begründete Carl-Zeiss-Stiftung ein, der Abbe jährlich weitere Beiträge zuführte und testamentarisch sein Firmeneigentum überschrieb. Zweck der Stiftung war die wirtschaftliche Sicherung der Betriebe Zeiss und Schott, die Erfüllung sozialer Pflichten gegenüber den Mitarbeitern, die allgemeine Förderung der feintechnischen Industrie, die Förderung gemeinnütziger Einrichtungen zu Gunsten der arbeitenden Bevölkerung Jenas sowie der naturwissenschaftlichen Forschung und Lehre.

Die Umsetzung der von Abbe forcierten sozialen Betriebs- und Kommunalpolitik stand unter dem Motto „Keine Wohltaten, besseres Recht“. Dafür garantierten die Stiftungsbetriebe ihren Mitarbeitern Pensionsansprüche, Leistungslöhne, Urlaub und Arbeitervertretungen. Als erste Firma in Deutschland führte Carl Zeiss 1901 den Achtstundentag ein. Bereits zu Abbes

Ernst Abbe, Bronzeplastik im Universitätshauptgebäude von Adolf von Hildebrand.

Lebzeiten finanzierte die Stiftung mehrere Sozial- und Bildungseinrichtungen, wie die Lesehalle, den sozialen Wohnungsbau der Baugenossenschaften, die neue Sternwarte und den Bau des Volkshauses. Mit dem 1903 eingeweihten Volkshaus verwirklichte Abbe seinen Plan, einen allen politischen Parteien – auch den Sozialdemokraten – zugängigen Veranstaltungsort zu schaffen. Das Gebäude diente zudem der Lesehalle und der Großherzoglichen Gewerbeschule als neues Domizil und dem Kunstverein für Ausstellungen. Im Oberlichtsaal unterrichtete Erich Kuithan in der Zeichenschule und im Erdgeschoss fand die physikalische Lehrapparatesammlung von Hermann Schaeffer ihren Platz. Der große Saal wurde für Konzertaufführungen ebenso genutzt wie für Parteitage und Kongresse.

Als Abbe am 14. Januar 1905 starb, trauerte die ganze Stadt. Ein Komitee rief zu Spenden für ein Denkmal auf, das vor der Wirkungsstätte Abbes nach Entwürfen Henry van de Veldes in Form eines Tempels auf dem Carl-Zeiß-Platz errichtet wurde. Der Innenraum ist mit vier Reliefs von Constantin Meunier und einer Herme von Max Klinger ausgestattet. Bis heute ist Abbe an vielen Orten in der Stadt präsent: ein Denkmal am Fürstengraben, sein Grab auf dem Nordfriedhof, das nach ihm benannte Abbeanum, ein Lehrgebäude für Mathematik und Physik, die Ernst-Abbe-Bibliothek; ein Gymnasium und die Fachhochschule tragen seinen Namen.

41 Berühmte Patienten
Neue Wege in der Psychiatrie

Gerade 29-jährig erhielt der aus der Schweiz stammende Psychiater und Neurologe Otto Binswanger eine Professur und die Leitung der Landesheilanstalt in Jena. Seine Forschungen und sein Ruf als Kliniker machten ihn weit über Deutschland hinaus bekannt.

Um 1800 änderte sich das Verständnis für „Irre", man nahm sie nun als Kranke aus den Arbeits-, Armen- und Zuchthäusern heraus. Nachdem in Jena bereits 1804 ein „Irreninstitut" eingerichtet worden war, das von Medizinern der Universität geleitet wurde, beschloss der Landtag des Herzogtums Sachsen-Weimar-Eisenach 1821 das erste moderne „Irrengesetz" in der europäischen Geschichte. Dennoch blieben das Wegsperren der Patienten in Einzelzellen und Anlegen von Zwangsjacken noch viele Jahrzehnte übliche Praxis.

Der Schweizer Mediziner Otto Binswanger hatte sich in Wien, Göttingen und Berlin auf den Gebieten Psychiatrie und Neurologie spezialisiert. 1882 wurde er Direktor der „Großherzoglichen Landes-Irren-Heilanstalt" in Jena. Sein Verzicht auf die Behandlung der Patienten mit Zwang und in abgeschlossenen Zellen stieß anfangs auf Widerstand. Pfleger und der einzige Arzt kündigten. Doch schnell erarbeitete Binswanger sich einen weit über Jena hinausgehenden Ruf. Auf wissenschaftlichem Gebiet beschäftigte er sich vor allem mit Epilepsie, Hysterie und Neurasthenie. Bis heute wird eine Form der Demenz als „Morbus Binswanger" bezeichnet. Er war ein gefragter Gutachter und Konsiliararzt, unterstützte eine eigenständige Kinder- und Jugendpsychiatrie und begleitete Johannes Trüper bei der Arbeit in dessen Heilanstalt auf der Sophienhöhe in Jena.

Als Kliniker war er mit einem modernen, ganzheitlichen Therapieansatz erfolgreich, der das soziale Umfeld, die Persönlichkeit und ihre psychosozialen Kontexte in die Diagnostik einbezog. Er achtete auf eine diätetisch-kontrollierte Ernährung, organisierte Therapien mit Garten- und Feldarbeit, ließ Stallungen und eine Kegelbahn errichten.

Von 1901 bis 1917 war Binswanger Teilhaber an einer Privatklinik Am Steiger 4. Hierher kamen Patienten aus ganz Deutschland, vor allem aus Fürstenhäusern und dem gutsituierten Bürgertum. Zu ihnen zählte seit seiner Kindheit der zum Jähzorn neigende Großherzog Wilhelm Ernst von Sachsen-Weimar-Eisenach, ab 1889 auch der Philosoph Friedrich Nietzsche mit dem Befund einer Progressiven Paralyse. Emma, die jüngste Tochter Ernst Haeckels, litt an Schizophrenie, die damals noch als „Geisteskrankheit" bezeichnet wurde. Binswanger vermittelte sie 1902 als nicht heilbar in die „Heil- und Pflegeanstalt für Gemüts- und Nervenkranke" Tannenfeld bei Altenburg, die sein Schüler Arthur Tecklenburg leitete. 1911 nahm er den Gymnasiasten Rudolf Dietzen auf, um dessen Schuldfähigkeit zu prüfen. Der später unter dem Pseudonym Hans Fallada bekannte Schriftsteller hatte in Rudolstadt mit seinem Freund einen als Duell getarnten Doppelsuizid veranstaltet, den nur er überlebte. Die Anklage auf Totschlag wurde nach Binswangers Gutachten, der Dietzen als Psychopathen einschätzte, fallengelassen.

Mit Ausbruch des Ersten Weltkrieges nahm Binswanger für kurze Zeit den ihm freundschaftlich verbundenen Künstler und Leiter der Großherzoglich-Sächsischen Kunstgewerbeschule Weimar Henry van de Velde auf, da diesem als Belgier und damit „feindlichem Ausländer" die Internierung drohte. Von 1916 bis 1918 war der expressionistische Lyriker Johannes R. Becher sein Patient, der wegen des Entzugs von Morphium in Behandlung war.

Krankheitsbedingt ließ sich Binswanger 1919 emeritieren, er starb zehn Jahre später in Kreuzlingen. Eine Gedenktafel an seinem Wohnhaus am Oberen Philosophenweg 5 wurde wegen seiner jüdischen Abstammung 1939 entfernt. 2012 brachte die Universität an der Klinik für Psychiatrie und Psychotherapie erneut eine Tafel an.

Hinter dem Johannisfriedhof entstanden 1879 die Gebäude der „Großherzoglichen Landes-Irren-Heilanstalt".

42 Epochale Glas-Erfindungen

Otto Schott und das Jenaer Glaswerk Schott & Gen.

Der Chemiker Otto Schott kam 1882 nach Jena, um die von Ernst Abbe berechneten Linsen für den Bau der Mikroskope von Carl Zeiss zu verbessern. Mit der „Glastechnischen Versuchsanstalt" begann der Aufstieg zu einer Weltfirma, die bis heute Spitzentechnologien produziert.

Dass der in Jena über Glaschemie promovierte Otto Schott in einem Brief am 27. Mai 1879 den Kontakt zu Ernst Abbe suchte, war ein Glücksfall für den Jenaer Apparatebau. Schott löste schnell die damals bestehenden Probleme der Schlieren und Blasen im Glas. Aus der mit Carl Zeiss und dessen Sohn Roderich als Geldgeber am 1. Januar 1884 gegründeten „Glastechnischen Versuchsanstalt" wurde am 23. Juli 1885 das im Handelsregister eingetragene „Glastechnische Laboratorium Schott & Gen.".

Um die gesuchten neuen Eigenschaften optischer Gläser zu fertigen, verwendete Schott statt der üblichen Koksöfen die Siemens-Regenerativ-Gasöfen, mit denen höhere Temperaturen erzielt werden konnten. Anstelle von Tiegeln wurden sogenannte Häfen, das sind Tongefäße, die ein größeres Fassungsvermögen aufweisen, eingesetzt. Und man tauschte die bis dahin verwendeten Tonpfeifen durch Keramikrührer aus. Parallel zu den neuen Technologien experimentierte Schott erfolgreich mit Lithium, Bariumoxid, Borsäure und Fluorid, mit denen neue Glaskomponenten geschaffen wurden. Schott war der erste, der genau definierte optische Eigenschaften wie Lichtbrechung und Farbenzerstreuung entwickelte. Damit konnten die bekannten Bildfehler korrigiert und deutlich verbesserte Objektive für Mikroskope und Fernrohre hergestellt werden. Er löste auch das Problem der Thermometergläser, die keine exakten Werte anzeigten.

Wirtschaftlich schrieb Schott schnell schwarze Zahlen. Mit dem 1887 industriell hergestellten Borosilicatglas wurde er zum absoluten Weltmarktführer. Das Glas mit seiner hohen Hitzebeständigkeit, das auch schnellen Temperaturwechseln standhielt und unempfindlich gegen Chemikalien war, ermöglichte ein breites Anwendungsspektrum. Vor allem die Gasglühlichtzylinder, die bis zur Einführung der elektrischen Beleuchtung in Massenproduktion gingen, brachten enorme Gewinne. Um die Produktionskapazität zu erhöhen, musste Schott 1896 eine zweite Schmelzhütte errichten.

Als eine weitere neue Technologie entwickelte er das „Jenaer Gießverfahren". Ohne den bis dahin üblichen Senkprozess konnten nun optische Scheiben bis 140 Zentimeter Durchmesser, z. B. für Linsen in den Fernrohren von Sternwarten, hergestellt werden. Mit der Möglichkeit Farbgläser zu schmelzen kam die Fabrikation von optischen Filtern als neuer Produktionszweig hinzu.

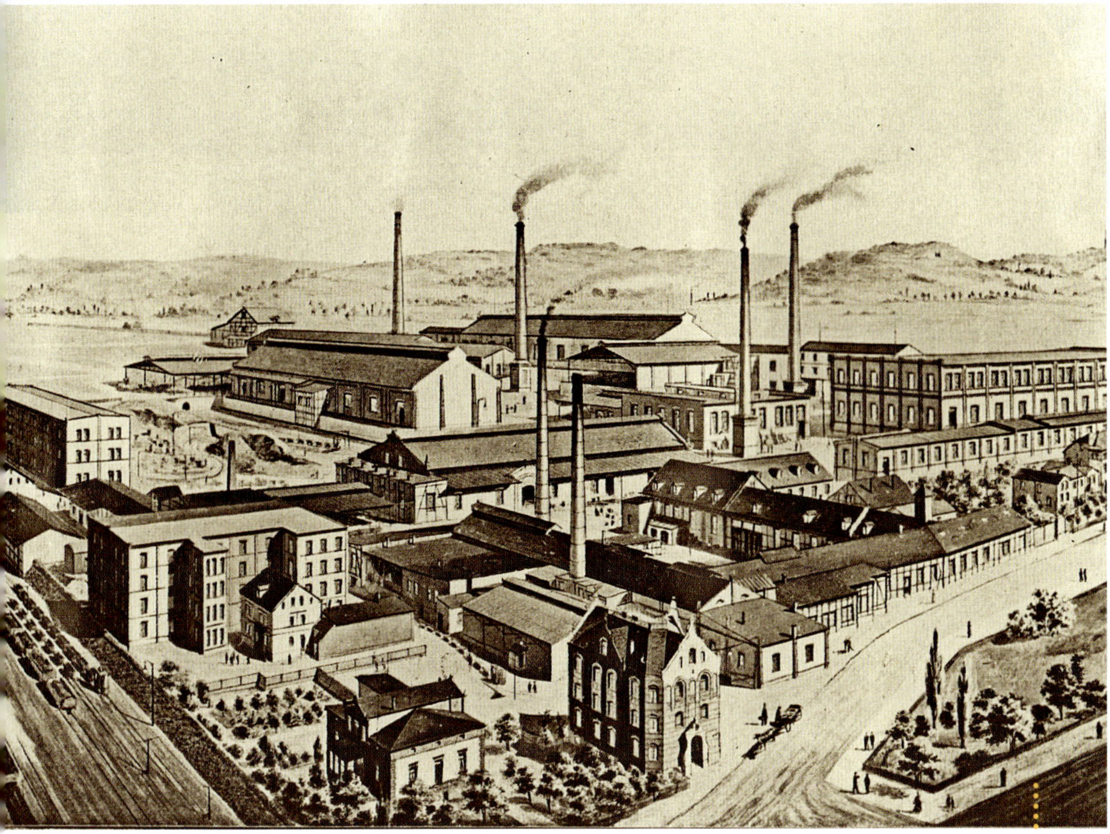

Die Gebäude des expandierenden Glaswerkes im Jahr 1900.

1908 vergrößerte sich die Produktpalette mit der Herstellung von STIA-Zählern für die Messung von Gleichstrom und Spezialglasröhren für Ampullen. 1910 wurde sie um die Produktion von Quecksilberdampf-Gleichrichtern zur Umwandlung von Wechselstrom in Gleichstrom erweitert. Die Umstellung des Betriebes auf eine kontinuierliche Wannenschmelze ersetzte die Schmelzöfen.

Mit Ausbruch des Ersten Weltkrieges brachen viele ausländische Absatzmärkte weg, gleichzeitig nahmen in anderen Ländern glastechnische Firmen ihren Betrieb auf. Dennoch blieb Schott konkurrenzfähig. Er spezialisierte sich nun auf Haushaltsglas. Seit dem 13. Oktober 1921 ist das als Marke eingetragene feuerfeste Geschirr bis heute als „Jenaer Glas“ im Handel.

Das Finanzpolster und die Rücklagen der Firma schmolzen zwar in den Jahren der Inflation bis 1923, aber es kam zu keinem Personalabbau und die Produktion lief weiter. 1927 übergab Otto Schott mit 75 Jahren den Betrieb an seinen Sohn Erich, der als promovierter Physiker in die Fußstapfen seines Vaters trat und das hohe Niveau des Betriebes hielt.

43 Schatzkammern der Geschichte
Museen in Jena

Gemessen an der Größe der Stadt besitzt Jena eine einzigartige Fülle an Museen und Gedenkstätten, die ein breites Spektrum an Geschichte, Kunst, Literatur, Naturwissenschaften und Technik bieten.

Museen verdanken ihre Gründung der Freude am Sammeln. Waren es anfangs sakrale Schätze, die gesammelt wurden, gesellten sich bald schon Kostbarkeiten aus herzoglichen Kunst- und Wunderkammern dazu. Jena aber war nur kurze Zeit (1672–1690) ein eigenständiges Herzogtum und so fehlten hier entsprechende herzogliche Sammlungen. Dafür gab es jedoch eine Universität, deren Professoren private Sammlungen für ihre Fachgebiete anlegten, beispielsweise der Mediziner Werner Rolfinck. Doch wenn die Professoren an eine andere Hochschule wechselten, nahmen sie, wie der Anatom Justus Christian Loder, auch ihre Sammlungen mit. Erst als Johann Wolfgang von Goethe 1815 das Amt der „Oberaufsicht über die unmittelbaren Anstalten für Wissenschaft und Kunst“ übernahm, initiierte er den planmäßigen Aufbau wissenschaftlicher Sammlungen zu Studienzwecken für die Universität, die heute wertvolle Exponate umfassen.

Am Ende des 19. Jahrhunderts begannen auch einzelne Bürger Artefakte zur Stadtgeschichte zu sammeln. So legte die umfangreiche Privatsammlung des Lithografen Max Hunger den Grundstock für das 1901 gegründete „Museum für Ortsgeschichte“, das 1903 im Stadthaus in der Weigelstraße eröffnete. Es ist das älteste Museum Jenas. Dem Bombenhagel 1945 fielen das Haus und damit auch 4/5 der Sammlung zum Opfer. Erst 1987 fand die Stadtgeschichte im ehemaligen Weinrestaurant „Göhre“ am Markt ein neues Domizil. Seit 1992 präsentiert sich im sanierten Nachbarhaus, der „Neuen Göhre“, die Kunstsammlung mit wechselnden Ausstellungen. Vorrangig Expositionen zur Klassischen Moderne und Fotografie erweisen sich regelmäßig als Besuchermagnet.

Einmalig in Deutschland ist das 1908 fertiggestellte Phyletische Museum, das auf die Initiative des Zoologen Ernst Haeckel zurückgeht. Er spendierte der Universität auch den zugehörigen Museumsneubau in der Neugasse, in dem seitdem Objekte der Evolutionslehre gezeigt werden.

Eine weltweit einzigartige Sammlung von über 20.000 Objekten von Mikroskopen, optischen Instrumenten, Brillen, Fotoapparaten u. a. beherbergt das 1922 von der Ernst-Abbe-Stiftung eröffnete Optische Museum. Derzeit wird das Museum am Carl-Zeiß-Platz umgebaut, neu gestaltet und die Sammlung digitalisiert. Gespannt warten die Interessierten auf die künftige Präsentation des Deutschen Optischen Museums.

Im ehemaligen Inspektorenhaus des Botanischen Gartens wurde 1921 die Goethe-Gedenkstätte eingerichtet. Auf Goethes Initiative war das Gebäude 1825/26 für den Gärtner umgebaut worden. Er selbst bewohnte während

Vitrine zur Entwicklung des Menschen im Phyletischen Museum 1908.

seiner Jenaer Aufenthalte bis 1830 zwei der Räume im Erdgeschoss.

Auch die Schillergedenkstätte (Schillers Gartenhaus) gibt es seit den 1920er-Jahren. Das Gebäude, von Schiller und seiner Familie in den Jahren 1797 bis 1799 als Sommerhaus genutzt, lag damals noch am Rande der Stadt. Es bot ihm die nötige Ruhe für seine Arbeiten am „Wallenstein" und anderen Werken.

Zu den Städtischen Museen gehört auch das seit 1981 bestehende Romantikerhaus zwischen Löbdergraben und Unterm Markt, einst das Wohnhaus des Philosophen Johann Gottlieb Fichte. Das Haus ist dem Wirken der Jenaer Frühromantiker verpflichtet.

Durch die Unterstützung der Jenoptik AG konnte die „Pelzer-Werkstatt" (Fischergasse), eine originalgetreu eingerichtete Maschinenschlosserei aus dem Jahr 1909, erhalten werden. Hier wurde bis 1992 produziert. Die Dreh-, Fräs- und Bohrmaschinen funktionieren noch immer und können nach Voranmeldung besichtigt werden.

Die Gedenkstätte Cospeda vor den Toren der Stadt öffnete 1956 auf dem historischen Areal der Doppelschlacht bei Jena und Auerstedt. Seit 1999 wird sie vom Institut zur militärgeschichtlichen Forschung Jena 1806 e. V. geleitet. In der Dauerausstellung sind Ursachen, Verlauf und Auswirkungen der Schlacht des Jahres 1806 thematisiert und in Szene gesetzt. Mit einem Audiowalk, der von Janet Cardiff und George Bures Miller für den Botho-Graef-Kunstpreis der Stadt Jena 2004 geschaffen wurde, kann sich jeder Besucher mit einem Kopfhörer auf eine akustische Reise über das Schlachtfeld bewegen.

44 Wegweisende Kunst
Der Jenaer Kunstverein

Die Gründung des Kunstvereins Jena und die durch seine engagierten Mitglieder veranstalteten Ausstellungen begründeten den Ruf Jenas als Kunststadt. Maßgeblichen Anteil daran hatte der Maler, Graphiker und Kunsthistoriker Walter Dexel.

Der Jenaer Kunstverein (seit 1933 Kunstverein Jena) wurde am 20. Dezember 1903 von Botho Gräf, dem Förderer Ludwig Kirchners, gegründet. Mitglieder der ersten Stunde waren u. a. der Jurist Eduard Rosenthal, der Lehrer Otto Unrein, die Frauenrechtlerin Marie Straubel und Paul Weber, der Begründer des Jenaer Stadtmuseums.

Im Unterschied zu den weitgehend konventionellen Ideen der seit Ende des 19. Jahrhunderts bestehenden Kunstvereine engagierte sich der Jenaer Verein vor allem für moderne zeitgenössische Kunst, die er mit Ausstellungen, Vorträgen und Kunstverlosungen einem breiten Publikum nahebringen wollte. Zu den Vortragenden und Ausstellern gehörten Bauhäusler und moderne Künstler wie Max Klinger und Käthe Kollwitz, Lyonel Feininger, Gerhard Marcks, Ferdinand Hodler, Edward Munch, Ernst Ludwig Kirchner und Wassily Kandinsky. Die Veranstaltungen fanden zunächst im Oberlichtsaal des Volkhauses, später in Privaträumen und ab 1923 im Prinzessinnenschlösschen im Griesbachgarten statt. Der Verein hatte sich neben der Förderung und Präsentation zeitgenössischer Kunst der Bildung im weitesten Sinne und für alle verschrieben, was sich in enger Zusammenarbeit mit der Volkshochschule zeigte.

Nach dem Machtantritt der Nationalsozialisten wurde eine Vielzahl der im Kunstverein gezeigten Werke als „entartete“ Kunst beschlagnahmt oder zerstört. Damit war die Arbeit des Vereins ab 1937 stark eingeschränkt und 1944 beendet. Erst nach der Wende gründete er sich im Februar 1990 als Jenaer Kunstverein e. V. neu. Ausstellungen zeitgenössischer Kunst stehen auch weiter im Zentrum der Vereinsaktivitäten, ganz im Sinne seines Vorstandes, „den schon begründeten Ruf Jenas als Kunststadt zu achten und zu fördern“. Gefördert hatte diesen Ruf vor allem Walter Dexel, Maler, Designer, Gebrauchsgrafiker und Kunsthistoriker, der Jena zu einem „Treffpunkt der künstlerischen Avantgarde“ machte.

1916 bei dem Kunsthistoriker Botho Graef promoviert, übernahm Dexel im selben Jahr die Ausstellungsleitung des Jenaer Kunstvereins, ab 1921 auch die Geschäftsführung, die er bis 1928 innehatte. Er erweiterte die von Graef begonnene Sammlung des Vereins u. a. mit Arbeiten Paul Klees, Oskar Kokoschkas und Emil Noldes und organisierte Ausstellungen nahezu aller Kunstrichtungen. Zudem öffnete er den Verein für Architektur, Kunstgewerbe und Gebrauchsgegenstände. Mit Adolf Reichwein, dem Leiter der Volkshochschule Jena, an der auch er selbst unterrichtete, bemühte er sich,

Entwurf für eine farbige Werbe-Lichtsäule von Walter Dexel.

die Kunst möglichst allen Bevölkerungsschichten zugänglich zu machen.

In seinen Jenaer Jahren schuf er ein eigenständiges Œuvre, das die Grenzen zwischen freier und angewandter Kunst aufhob, die Malerei mit funktioneller Gestaltung verband. 1927 schon entwarf er eine Werbe-Lichtsäule, die seit 2001 neu gefertigt vor dem Gebäude der Jenaer Stadtwerke in Winzerla steht. Für den Jenaer Holzmarkt und andere Straßen entwickelte er 1925 den weltweit ersten beleuchteten Richtungsweiser für den Straßenverkehr, der sich jedoch nicht deutschlandweit durchsetzte.

1926 ließ sich Dexel in Frankfurt am Main nieder, wo er bis 1928 zahlreiche Transparente, Reklameuhren, Lichtreklamen und sogar Telefonzellen entwarf. Das noch heute in ganz Deutschland gebräuchliche Haltestellenzeichen – ein grünes H auf grün umrandetem gelben Grund – geht auf seinen Entwurf zurück. Ab 1930 lehrte er an der Kunstgewerbe- und Handwerkerschule Magdeburg. Im Mai 1933 trat er in die NSDAP ein mit der Hoffnung auf ungestörtes Arbeiten. Als „entarteter" Künstler diffamiert, wurde er dennoch entlassen und viele seiner Werke beschlagnahmt. 1942 ging Dexel nach Braunschweig, wo er eine Formensammlung aufbaute. Ein Entnazifizierungsverfahren rehabilitierte ihn 1945. Nach Jena kehrte er nicht wieder zurück. Doch die Stadt ehrt ihn mit dem seit 1997 von den Stadtwerken und der Stadt Jena vergebenen Walter-Dexel-Stipendium für Kulturschaffende.

45 Dätscher und Figuckchen
Das „Thüringische Wörterbuch“

Das 1907 als Projekt des Vereins für Thüringische Geschichte und Altertumskunde in Jena gegründete „Thüringische Wörterbuch“ wurde bis 2006 in Jena erarbeitet. Es umfasst flächendeckend den dialektalen und regionalsprachlichen Wortschatz Thüringens.

In Thüringen hat sich – im Unterschied etwa zu Bayern – kein einheitlicher Dialekt herausgebildet, jede Landschaft ist ihren eigenen Weg gegangen, jeder Ort hat seinen eigenen Dialekt. Aber es gibt Regionen, die sprachliche Gemeinsamkeiten aufweisen. Danach werden innerhalb der thüringischen Kernlandschaft neun größere Dialekte unterschieden: Nordthüringisch (Nordhausen, Heiligenstadt), Nordostthüringisch (zwischen Unstrut und Saale, Randgebiet zu Sachsen-Anhalt), Westthüringisch (Eisenach), Zentralthüringisch (Gotha, Erfurt, Ilmenau), Ilmthüringisch (Weimar, Jena), Südostthüringisch (Saalfeld, Greiz, Lobenstein), Ostthüringisch (Naumburg, Altenburg), Hennebergisch (Meiningen, Suhl) und Itzgründisch (Sonneberg, Coburg). Der Wortschatz dieser thüringischen Dialekte wird im „Thüringischen Wörterbuch“ präsentiert. Es ist eines der 13 bereits fertiggestellten sogenannten großlandschaftlichen Dialektwörterbücher, von denen noch 16 für den gesamten deutschsprachigen Raum in der Bearbeitungsphase sind.

1907 als Projekt des Vereins für Thüringische Geschichte und Altertumskunde in Jena gegründet, wurde das Wörterbuch bis Mitte der 1920er-Jahre von Victor Michels und Gustav Kirchner vom Deutschen Seminar der Universität Jena unterstützt. Als Landesstelle für thüringische Mundartforschung geführt, erfolgte 1930 unter Hermann Hucke die Eingliederung in die Universität. 1939 wurde die Arbeitsstelle geschlossen. Der Bombenangriff auf Jena vernichtete im Februar 1945 den Großteil der bis dahin zusammengetragenen Materialsammlung. Erst nach zehnjähriger Pause konnte die Arbeit am Wörterbuch wieder aufgenommen werden, nun integriert in das 1952 gegründete Institut für Mundartforschung. Als erstes Arbeitsergebnis erschien 1961 der „Thüringische Dialektatlas“, der auf dem Bestand der Vorkriegszeit und auf Fragebogenerhebungen der 1950er-Jahre basierte. Er war für Sprachwissenschaftler und als Arbeitsmittel für den Deutsch- und Heimatkundeunterricht gedacht.

1962 übernahm Karl Spangenberg die Leitung der Wörterbuchstelle, die ab 1966 das „Thüringische Wörterbuch“ herausgab. Das in sechs Bänden vorliegende Wörterbuch wendet sich an Wissenschaftler sowie an sprachlich und volkskundlich interessierte Laien. Erfasst sind ca. 2.800 Orte im Gebiet des heutigen Freistaates Thüringen, im Süden des Landes Sachsen-Anhalt und dem nördlichen Teil des bayerischen Kreises Coburg. Aufgenommen wurde vorrangig der mundartliche und

Blick in das Archiv der Arbeitsstelle „Thüringische Dialektforschung".

regionalsprachliche Wortschatz der zweiten Hälfte des 19. und der ersten Hälfte des 20. Jahrhunderts. Historisches Wortgut ist lediglich in Auswahl erfasst.

Der Wortschatz wird in seiner Bedeutung, seiner lautlichen und grammatischen Form, der räumlichen Verbreitung, seinem sprachlichen Kontext und Bezug zu sozialen Schichten sowie in seinen sach- und volkskundlichen Zusammenhängen dargeboten. Das Wörterbuch spiegelt also Wort- und Alltagsgeschichte gleichermaßen wider. Es ist eine Art „Museum der thüringischen Wörter", bewahrt es doch einen Wortschatz, den es über Generationen hinweg gab, den es aber in absehbarer Zeit so nicht mehr geben wird, trotz einer weiter bestehenden regionalen Prägung der Sprache. Denn Dialekt ist auch ein Heimatgefühl, er schafft Gemeinsamkeit, ist verbindend und wird wohl nicht ganz verschwinden. Aber ob es das *Figuckchen machen* (*der macht widder mol seine Figuckchen* = der macht wieder einmal seine Possen, Grimassen), das *Finzchen* oder *Finzerle* (ein Stückchen, eine Kleinigkeit) oder die lautmalerische Bezeichnung *Dätscher* für Kartoffelpuffer noch in einhundert Jahren geben wird, ist ungewiss.

Nach Abschluss des „Thüringischen Wörterbuchs" 2006 wurde die Arbeitsstelle in die Arbeitsstelle „Thüringische Dialektforschung" umgewandelt. Eine von der Forschung angemahnte Fortsetzung des Wörterbuches ist derzeit nicht in Sicht.

46 „Sera, Sera, Sancti nostri Domine“ Der Sera-Kreis von Eugen Diederichs

Der Jenaer Verleger Eugen Diederichs initiierte im Geist der Reformbewegung ab 1908 die Sonnenwendfeiern auf dem Hohen Leeden bei Tautenburg. Sie gehörten bis zum Beginn des Ersten Weltkrieges zum festen Ritual des Sera-Kreises, einer Jenaer Gruppierung der bürgerlichen Jugendbewegung.

Von der wachsenden Zahl der Studenten um die Jahrhundertwende kamen viele aus dem mittelständisch-kleinbürgerlichen Milieu. Die meisten wollten in keine der traditionellen Korporationen eintreten. Sie organisierten sich an der Alma Mater ab 1908 in der Freien Studentenschaft, die sich auch als „Finken“ bezeichnete. Ihr Ziel war die Selbsterziehung zu einer vielseitig gebildeten Persönlichkeit mit selbständigem Urteilsvermögen und sozialer Verantwortung. Das sollte vor allem auf der Grundlage eines regen Gemeinschaftslebens erfolgen. Sie setzten auf Organisation und politisches Interesse. Wenige Monate nach Gründung der Freien Studentenschaft lud Eugen Diederichs die Finken zu einer Sonnenwendfeier auf dem Hohen Leeden ein. Die Reformierung der Fest- und Geselligkeitskultur war sein Versuch, zu einer kulturellen Erneuerung beizutragen, in der man dem Gefüge des gesellschaftlichen Alltags entfliehen konnte. Mit der Einbeziehung der Freistudenten gewann der von Diederichs gegründete Sera-Kreis, dem auch Jugendliche aus Jena, Weimar und Leipzig angehörten, an Stärke und Kontinuität. Die Gruppe traf sich mehrmals wöchentlich zum Volkstanz im Garten der „Villa Haase“ am Philosophenweg und probte Theaterstücke für die Vagantenfahrten. Sonntags ging es meist gemeinsam auf Wanderungen. Während des Goethefestes in Tiefurt im Jahr 1910 führte die Gruppe das Stück „Das Bundschuhgesindel“ auf, wofür die Mädchen die Kostüme nähten. Die Jungen trugen über den weißen Hemden farbige, glockenartige Schauben und ein Barett im Stil mittelalterlicher Scholaren. Für die Mädchen gab es bunte Kleider, die hochgegürtet und ohne Korsett freie Bewegung ermöglichten und den Vorstellungen moderner Frauenkleidung entsprachen. Mit dieser auffallenden Kleidung provozierten sie seitdem die bürgerliche Gesellschaft. Diederichs selber erschien auf Festen immer in der Festtracht der schwedischen Bauern mit einer ledernen Kniebundhose, weißem Hemd und Mantel sowie einer bunten Weste und roten Zipfelmütze.

Höhepunkt jeden Jahres waren für die 50 bis 70 Mitglieder die Sonnenwendfeiern auf dem Hohen Leeden bei Tautenburg mit Spielen und Gesang. Weil sie auch nach dem Refrain des mittelalterlichen Schreittanzes „Sera, Sera, Sancti nostri Domine“ tanzten, wurde das Wort „Sera“ zur Grußformel unter den Freunden und namengebend für die Gruppe.

Der Kreis nahm 1913 am Ersten Freideutschen Jugendtag auf dem Hohen

Sonnenwendfeier des Sera-Kreises auf dem Hohen Leeden.

Meißner in Hessen teil und führte Goethes „Iphigenie“ auf. Diederichs ließ für die Gruppe eine rot-goldene Fahne anfertigen, die mit Symbolen der nordischen Mythologie bestickt war, einem Speichenrad im Hakenkreuzband.

Ein jähes Ende fand der Sera-Kreis im Ersten Weltkrieg, in dem 19 der jungen Männer fielen. 1919 löste sich die Gruppe auf. Ein Jahr später setzte sie noch auf dem Hohen Leeden einen Gedenkstein, der bis heute ein beliebtes Wanderziel ist. Er trägt die Inschrift „In unsere Spiele brach der Krieg. Ihr edelsten seid hingemäht als Opfer. Wem? Wir wissens nicht. Der Kranz des Fests mit Kränzen, nicht des Siegs vertauscht. Freunde im Grab, ihr seid Statthalter unseres Todes. Statthalter eurer Kraft sind wir im Licht geblieben, und euer Wille wird in unserm Bauwerk sein.“

47 Goldmedaille auf der Weltausstellung

Burgauer Porzellan

Die Porzellan-Manufaktur Burgau a. S. Ferdinand Selle produzierte zwischen 1902 und 1929 modernes Geschirr von Jugendstil bis Art déco. Heute sind die Erzeugnisse begehrte Sammelobjekte.

Auf zahlreichen Weltausstellungen präsentierten sich aufstrebende Firmen mit ihrem technischen Know-how und modernen Produktdesign. Im Jahr 1910 fand in Brüssel vom 23. April bis 1. November auf 88 Hektar die Brüssel International statt, die 13 Millionen Besucher verzeichnete. 20.000 Aussteller aus 26 Ländern beteiligten sich. Aus Jena waren neben den beiden großen Firmen Carl Zeiss Jena und Schott & Gen. die Verlage von Eugen Diederichs und Gustav Fischer sowie die erst 1902 gegründete Porzellanmanufaktur Burgau a. S. Ferdinand Selle vertreten. Mit modernen Formen und Dekoren in haltbarer Unterglasur traf das junge Unternehmen mit seinem preiswerten Haushaltsgeschirr, Zier- und Gastronomieporzellanen den Nerv der Zeit. Fast jährlich kamen neue Kaffee-, Speise- und Mokkaservice auf den Markt, die nicht nur von jungen Frauen zur Hochzeit angeschafft wurden. Neben den moderaten Preisen garantierte Ferdinand Selle die Möglichkeit, jederzeit nachkaufen oder komplettieren zu können. Die vorwiegend in Unterglasur gebrannten Porzellane behielten im Gegensatz zur Aufglasurmalerei und Goldbemalung den Farbauftrag auch nach langem Gebrauch, heute würde man sie als „spülmaschinenfest“ bezeichnen. Die Formen waren vom Jugendstil beeinflusst und anfangs vom Firmengründer Ferdinand Selle selber entworfen worden. Als Mitglied des Werkbundes kannte er auch viele namhafte Künstler wie Henry van de Velde und Albin Müller, die er um Kreationen für neue Porzellanserien anfragte. Ein von Henry van de Velde für die Burgauer Manufaktur entworfenes Teeservice wurde zwar im Jahr 1906 auf der Dritten Deutschen Kunstgewerbeausstellung in Dresden gezeigt, ging jedoch nicht in die Serienproduktion.

Der Architekt und Kunsthandwerker Albin Müller hatte bereits 1909 der Porzellanmanufaktur Meißen den Entwurf für ein Speiseservice angeboten, den diese jedoch ablehnte. Daraufhin

Mokkaservice mit Tablett, Form und Dekor entworfen von Albin Müller.

Tafel- und Kaffeegeschirr der Porzellan-Manufactur Burgau a. S. mit Unterglasurdecor nach Entwurf von Prof. Albin Müller in Darmstadt.
Allein-Verkauf für Leipzig: F. B. Selle, Leipzig, Peters-Str. 16.

Musterblatt mit Tafel- und Kaffeeserviceteilen der Form „Prof. Müller" von 1910.

führte Ferdinand Selle 1910 ein Speise-, Kaffee- und Mokkaservice von Albin Müller aus, dessen achteckige Formen mit grünen oder goldenen Dekorbändern geschmückt waren. Das Speiseservice bestand aus Suppen-, Speise-, Dessert- und Kompott-Tellern, einer Suppen- und einer Gemüseterrine, Sauciere, Senfgefäß, ovalen Platten und Schüsseln in mehreren Größen. Das Kaffee- und Teeservice umfasste eine Kaffee- und eine Teekanne, Zuckerdosen und Sahnegießer in je drei Größen, Kaffeetassen mit Unter-, Dessert- und Kuchentellern sowie eine Kuchenschale. Das Mokkaservice entsprach einer verkleinerten Form des Kaffeeservices, das Selle mit einem runden Tablett aus vergangenen Formen komplettierte.

Auf der Weltausstellung 1910 in Brüssel richtete Albin Müller ein komplettes Speisezimmer mit Möbeln, Porzellanen, Gläsern und Bestecken ein, das von der Jury einen „Grand Prix" erhielt. Für die Porzellane erkannte sie der Burgauer Manufaktur eine Goldmedaille zu. Mit dieser Auszeichnung warb die Manufaktur bis zum Ende ihres Bestehens 1929. Die Porzellane der Form „Prof. Müller" wurden zu Ferdinand Selles Lebzeiten zwar keine Verkaufsschlager, werden heute aber auf dem Antiquitätenmarkt hoch gehandelt.

48 Sterne zum Greifen nah
Das Zeiss-Planetarium Jena

Das Zeiss-Planetarium ist sowohl technisch als auch architektonisch eines der prägenden Gebäude in der Saalestadt. Das inzwischen älteste noch betriebene Planetarium der Welt begeistert mit klassischen Sternführungen und multimedialen Bildungs- und Unterhaltungsveranstaltungen.

Ohne den Ingenieur Oskar von Miller und seine Idee, für das 1903 von ihm begründete Deutsche Museum München ein Planetarium zu errichten, hätte die Firma Carl Zeiss möglicherweise nie ein Planetarium gebaut. Doch Millers Idee vom Ptolemäischen Planetarium im Stil eines begehbaren Himmelsglobus, der auch die Planetenbahnen darstellte, war eine Herausforderung. Es war der Physiker Walter Bauersfeld, Konstruktionschef und Fertigungsleiter bei Zeiss, der Anfang 1919 die grundlegende Form für das Planetariumsgerät entwickelte, das mittels optomechanischer Lichtprojektion arbeitete, mit der ein Großteil der sichtbaren Bewegungen der Himmelskörper perfekt simuliert werden konnte. Zeiss baute das Gerät, das 1924 als Modell I in München installiert wurde. Zuvor hatten 80.000 Besucher die Probevorführungen in einer provisorischen Kuppel auf dem Dach des Jenaer Zeiss-Werkes gesehen. Enthusiastisch schrieb der Direktor der Kopenhagener Sternwarte Elis Strömgren über das „Wunder von Jena": „Nie ist ein Anschauungsmittel geschaffen worden, das so instruktiv wie dieses wäre, nie eins, das mehr bezaubernd gewirkt hätte, nie eins, das im selben Grade wie dieses sich an alle wendet. Es ist Schule, Theater, Film auf einmal, ein Schulsaal unter dem Gewölbe des Himmels, und ein Schauspiel, wo die Himmelskörper Akteure sind."

Anzeige des Jenaer Planetariums 1936.

Das Münchner Modell stieß auf große Resonanz, Zeiss erhielt Anfragen aus ganz Deutschland und baute zunächst Planetarien in Wuppertal-Barmen, Leipzig und Düsseldorf. Dann begann die Planung eines großen und ständigen Planetariums in Jena. Ende 1924 erfolgte

Eingang des Zeiss-Planetariums.

der Startschuss für dessen Bau im Griesbachgarten. Nach Entwürfen der Architekten Schreiter & Schlag errichtete die Dyckerhoff & Widmann AG in der eigens entwickelten Zeiss-Dywidag-Schalenbauweise die nur sechs Zentimeter starke Stahlbetonschale der Planetariumskuppel mit einem Durchmesser von 25 Metern.

Am 18. Juli 1926 wurde das Projektionsplanetarium Jena als weltweit viertes seiner Art mit Modell II eröffnet. Das Großplanetarium war eine technische Neuerung, die alle bisherigen Darstellungen des Sternenhimmels in den Schatten stellte. Für die Besucher war und ist es vor allem das „Sternentheater", die „Sternenschau", die in ihren Bann zieht. Bis 2012 konnte das Zeiss-Planetarium Jena auf neun Millionen Gäste verweisen. Seit 1992 im Besitz der Ernst-Abbe-Stiftung ist es das älteste noch funktionierende Planetarium der Welt.

Das Planetarium wurde fortlaufend mit neuester Technik ausgestattet und baulich erweitert. 1985 ging der Sternenprojektor Cosmorama in Betrieb, er steht heute als technisches Denkmal in der Goethegalerie Jena. Ab November 1996 sorgte das Starball-Modell VIII „Universarium" mit Glasfasertechnik und LED-Sternen dafür, dass das Firmament täuschend echt abgebildet wurde. Die nächste innovative Neuerung erfolgte 2006 mit der Installation eines laserbasierten Ganzkuppelprojektsystems (ADLIP), womit Jena zum „ersten laserbasierten Fulldomeplanetarium Europas" avancierte. 2011 wurde ein komplett neues Video- und Audiosystems installiert, sodass man von einem „Neuen Planetarium" spricht. Das Powerdome-Velvet-Projektionssystem, wie alle anderen zuvor von der Firma Zeiss Jena entwickelt, ermöglicht nicht nur die realistische Darstellung der Hell-Dunkel-Kontraste. Die acht synchron arbeitenden Projektoren lassen auch bewegte Bilder auf der gesamten Kuppel von 800 Quadratmetern entstehen. Dazu sorgt eine neue, vom Ilmenauer Fraunhofer-Institut entwickelte Tonanlage für ein einzigartiges Klangerlebnis. Mit den technischen Innovationen verbunden war stets eine Erweiterung des Programmangebots. Neben den klassischen Sternführungen gibt es heute ein breites Spektrum multimedialer Bildungs- und Unterhaltungsveranstaltungen. Mit dem Restaurant „Bauersfeld", 2004 auf dem Gelände des Planetariums eröffnet, ist auch der Pionier des „Sternentheaters" allgegenwärtig.

49 Die erste Museumsdirektorin Deutschlands

Johanna Hofmann-Stirnemann

Sie gehörte der ersten Frauengeneration an, die an einer Universität studieren und in ein Berufsleben starten konnte. Dank ihrer Zielstrebigkeit, ihrer Flexibilität und ihrer deutschlandweiten Netzwerke in die Kunstszene brachte sie frischen Wind in das Stadtmuseum.

Unterbrochen vom Ersten Weltkrieg legte die am 12. Oktober 1899 in Weißenfels geborene Johanna Stirnemann 1922 ihr Abitur ab und begann ein Studium der Kunstgeschichte, Philosophie und Pädagogik in Halle und Wien. 1927 promovierte sie bei Paul Frankl in Halle, danach ging sie als Volontärin an das Landesmuseum in Oldenburg. Über den dortigen Direktor Walter Müller-Wulckow lernte sie nicht nur die Museumstätigkeiten der Inventarisation, Präsentation und Vermittlung, sondern auch die moderne Kunst und viele ihrer Künstler und Künstlerinnen kennen, wurde selbst einige Zeit später Mitglied im Deutschen Werkbund. Mit glänzender Empfehlung versehen erhielt sie im April 1929 eine überaus anspruchsvolle Aufgabe in Greiz: Das Reussische Heimatmuseum sollte neu eingerichtet werden. Innerhalb von sieben Monaten schaffte sie es, eine moderne Ausstellung zu gestalten. Unmittelbar im Anschluss daran stellte sie der Direktor des Jenaer Stadtmuseums Paul Weber als wissenschaftliche Assistentin ein. Da Weber jedoch kurz darauf im Alter von 61 Jahren unerwartet verstarb, übernahm sie vorerst amtierend seine Aufgaben. Am 1. April 1930 stellte die Stadt Jena sie mit einem Jahr Probezeit fest an. Engagiert ging sie an die Lösung der vielfältigen Anforderungen. Um den beiden Häusern – dem Stadtmuseum in der Weigelstraße und der volkskundlichen Außenstelle im Siedelhof Hinter der Kirche – mehr Popularität zu verschaffen, gründete sie die Arbeitsgruppe „Museum und Schule“. Mit Vortragsreihen, der Tätigkeit in Vereinen und der Volkshochschule, Veranstaltungen mit dem Museumsverein und Publikationen stellte Stirnemann das Museum stärker in die öffentliche Wahrnehmung. Ihren modernen Ausstellungsansatz setzte sie mit mehreren Sonderausstellungen im Jahr um. Dabei rückte sie verstärkt Arbeiten von Frauen in den Blick, zeigte als Erste eine große Ausstellung mit Fotografien von Aenne Biermann aus Gera, Werke von Paula Modersohn-Becker und Gabriele Münter.

Zu Stirnemanns Aufgabengebiet gehörte ab dem 29. Juli 1930 auch die Geschäftsführung des Jenaer Kunstvereins. Dank ihrer Kontakte in die Künstlerkreise gelang es ihr auch hier, ein breites Spektrum an moderner Kunst zu zeigen. In der Ausstellung mit Bauhausschülern im Oktober 1930 war auch Otto Hofmann vertreten, mit dem sie bis 1935 ohne Trauschein zusammenlebte, bevor beide heirateten.

Johanna Stirnemann in ihrem Büro im Stadtmuseum.

Nach 1933 war sie in ihrer unkonventionellen und emanzipierten Art verstärkt Angriffen und Verleumdungen ausgesetzt; eine Ausstellung mit Gemälden von Hans Radziwill musste 1935 vorzeitig geschlossen werden. Als sie wegen eines jüdischen Urgroßvaters bedrängt wurde, zog sie es vor, zum 31. Dezember 1935 die Arbeit in Jena zu beenden. Mit Otto Hofmann übersiedelte sie nach Berlin, die Kriegsjahre verbrachte sie in Hainichen bei Dornburg. Nach 1945 war sie als unbelastete Person sehr gefragt – zuerst als Bürgermeisterin in Hainichen, ab 1946 als Leiterin des Schlossmuseums Rudolstadt sowie als Museumspflegerin für sämtliche Thüringer Heimatmuseen und Leiterin des Referates Museum im Volksbildungsministerium in Weimar. Doch wegen des zunehmenden politischen Drucks zog das Ehepaar erneut nach Berlin (West). Sie arbeitete in der Landesbildstelle, als Geschäftsführerin des Werkbundes und als Lehrerin an der Meisterschule für Kunsthandwerk. Nach der Eröffnung des neuen Stadtmuseums in der Göhre kam sie 1988 noch einmal an ihre Jenaer Wirkungsstätte zurück. In einem Interview anlässlich ihres 80. Geburtstages resümierte sie: „Und wenn ich wieder zu einer Person mit verdächtiger Gesinnung werden sollte, ich könnte noch heute meine Handtasche nehmen und mich wieder aufmachen, ohne alles. Wissen Sie, nach so einem Leben hat man überhaupt keine Angst mehr und keinerlei Besitzverhältnisse zur Welt." Johanna Stirnemann starb am 25. November 1996 in Berlin.

50 Der Weg der Saurier
Wandern in Jena

Anfang des Jahres sind es Winterlinge, im zeitigen Frühjahr Kuhschellen und Märzenbecher, im April und Mai zahlreich blühende Orchideen, die Naturfreunde aus ganz Deutschland in Jenas grüne Umgebung locken. Berghänge und Täler laden zu jeder Jahreszeit zum Wandern ein, oft auf den Spuren der Geschichte.

Neben dem Rennsteig, Thüringens bekanntestem Wanderweg, kommt die SaaleHorizontale mit ihren 91 Kilometern zwar bescheiden daher, doch sie kann als neu ernannter „Markenbotschafter Thüringens" durchaus punkten. Der Weg zwischen Jena und Dornburg führt nicht nur durch die abwechslungsreiche Landschaft des Mittleren Saaletals mit spektakulären Ausblicken zu Burgen und Schlössern oder kleinen verträumten Dörfern. Er hat auch für jeden Anspruch etwas zu bieten: Neben bequemen Waldwegen kann man auf schmalen, fast alpin anmutenden Pfaden entlang der Kernberge wandern, Nadel- und Laubwälder queren, sich an kleinen Bächen laben und dabei immer wieder auch auf Historisches oder Sagenhaftes treffen, wie den Fürstenbrunnen oder die Diebeskrippe. Über eine gute Kondition sollte verfügen, wer die 2.356 Höhenmeter in einem Anlauf bewältigen will. Dennoch eignet sich die als „Panoramawanderung der Superlative" gepriesene Horizontale entlang der Muschelkalkhänge zu beiden Seiten der Saale auch als familienfreundlicher Ausflug, ob in einzelnen Etappen oder als Event über mehrere Tage. Wer die Herausforderung liebt und gegen mürrische Wandererblicke gefeit ist, kann Teile des Weges sogar mit dem Mountainbike erkunden. Vielleicht trifft man sich versöhnt in einer der zahlreich am Weg liegenden Gaststätten bei einem kühlen Bier oder einem Gläschen Saale-Unstrut-Wein.

Das umfangreiche Netzwerk an Wanderwegen, das sich über Jenas Berge und Täler erstreckt, tangiert immer wieder überregionale Wege: den Thüringenwanderweg (400 Kilometer), den Fernwanderweg Feengrotten-Kyffhäuser (230 Kilometer), den Europawanderweg Budapest-Eisenach (~2.700 Kilometer) oder den über 900 Kilometer langen Lutherweg, der auf mehrere Aufenthalte des Reformators verweist.

Historisch Interessierte können ebenso ihrem Bewegungsdrang nachgehen, wie sie den Spuren bedeutender Männer folgen können. So wird auf dem Pfad der Ottonen (4 Kilometer) die Zeit der Ritter und Kaiser interaktiv und mit digitalen Elementen in Szene gesetzt. Der Napoleon-Rundweg (8 Kilometer) folgt den Spuren des europäischen Feldherrn während der Doppelschlacht von Jena und Auerstedt 1806. Dabei bietet dieser Schauplatz der Weltgeschichte immer wieder Gelegenheit, die abwechslungsreiche Natur zu erleben.

Weniger spektakulär, dafür aber nachhaltig für Natur und Seele ist der 1,4 Kilometer lange Achtsamkeitspfad

Diebeskrippe an der SaaleHorizontale.

„natura jenensis“, ein Projekt der Schutzgemeinschaft Deutscher Wald. Er beginnt am Steinkreuz unterhalb des Fuchsturmes und lädt zum Waldbaden in ausgedehntem Buchenbestand ein.

Romantiker führt der Novalis-Weg (15 Kilometer) von Jena zum Familiengut des Dichters nach Schlöben. Dabei trifft man nicht nur auf eigens dafür geschaffene Skulpturen, man kann auch weitgehend Unbekanntes zum Leben Friedrich von Hardenbergs (Novalis) erfahren, der zu seiner Zeit wegen zahlreicher Liebschaften als „Fritz der Flatterer“ bekannt war.

Insbesondere für Familien mit Kindern gedacht ist der 4,2 Kilometer lange WaldPfad „Schlauer Ux“, bei dem an zahlreichen Stationen mit Aktionselementen und digitalen Highlights die Natur zu entdecken und zu erleben ist.

Spannend und wissensvermittelnd lässt sich der Weg zum Jenzig nahezu spielerisch auf dem neu gestalteten Lehrpfad „Trixi Trias“ bewältigen. Über den gesamten Weg bergauf informieren Tafeln über die Landschaft um Jena vor 200 Millionen Jahren und das Leben der Saurier, denen man hier direkt oder per App von Angesicht zu Angesicht begegnen kann. Es ist ein verlockendes Angebot für Erwachsene und Kinder, gemeinsam in die Natur einzutauchen und bei den Jüngsten die Freude am Wandern zu wecken. Zum jährlichen Familienwandertag kann man sogar „Wanderprinz“ oder „Wanderprinzessin“ werden. Im Übrigen war es der Jenaer Pädagoge Volkmar Stoy, der 1853 den Schulwandertag einführte, heute eine willkommene Abwechslung im Schulalltag.

51 Eine besondere Form der Opposition
Die „Jenaer Hofvernissagen“

Die Oppositionsbewegung in Jena hatte zu DDR-Zeiten viele Gesichter. Eines davon präsentierte sich der eingeweihten Öffentlichkeit mit dem von Gerd Wandrer initiierten Projekt der „Jenaer Hofvernissagen“.

Am 29. Juli 1988 wurden auf einer Jenaer Mülldeponie auf brutale Weise Kunstwerke vernichtet: zwei überlebensgroße Gips-Plastiken der Bildhauerin Eva Anderson und ein 5 mal 1,5 Meter großes Ölbild Detlef Schweigers. Und das zu einer Zeit, als in der Sowjetunion Gorbatschows Glasnost in vollem Gange war und auch in der DDR Hoffnung auf Veränderung keimte. Die zerstörten Kunstwerke waren das krönende Beiwerk der „Jenaer Hofvernissage“, einer eintägigen Ausstellung mit begleitenden Veranstaltungen unter freiem Himmel, die am 25. Juni 1988 bereits zum 11. Mal stattfand, allerdings illegal, ohne staatliche Genehmigung.

Veranstaltungen dieser Art gab es zu dieser Zeit in vielen Städten der DDR, in Ateliers, Werkstätten oder besetzten Häusern, zumeist wurden sie auch geduldet. Doch in Jena war das anders. Hier gab es seit Anfang der 1970er-Jahre eine politisch aktive Kulturopposition, für die z. B. Jürgen Fuchs oder Udo Scheer stehen, über die auch die Westmedien berichteten. „Jena war zu einem Zentrum Andersdenkender im Land geworden“ (Scheer) und man fürchtete die davon ausgehende Wirkung. Die Akteure wurden relegiert, inhaftiert oder ausgewiesen, zunächst schien der Widerstand gebrochen. Doch in den 1980er-Jahren flammte er wieder auf. Initiator war Gerd Wandrer, Maler und Bildhauer, dessen Ausstellungen boykottiert und schließlich verboten wurden, nachdem er und seine Frau Anette, auch Künstlerin, einen Ausreiseantrag gestellt hatten. Unter freiem Himmel, im Innenhof des von ihm besetzten Hauses in der Johannisstraße 16, mitten in der Stadt, rief er eine eigene Galerie ins Leben. Am 1. November 1986 fand unter dem Motto „Ein Tag“ die erste „Jenaer Hofvernissage“ statt, der weitere folgen sollten. Mit der Nummerierung nach Art der großen Kunstausstellungen der DDR behauptete Wandrer provokant und selbstbewusst seine Gegenposition zu dem offiziellen Kulturbetrieb. Weil Unsicherheit über die Reaktion der staatlichen Organe herrschte, hielten sich die Künstler noch zurück, sodass auf den ersten zwei Ausstellungen nur Wandrers Bilder zu sehen waren. Erst im Mai 1987 gesellten sich andere Künstler dazu, darunter Elisabeth und Joachim Kuhlmann, Egmont Hesse, Ute Dürmer, Wolfgang Korall und Waldemar Holtdorff. Wandrer unternahm einige Versuche, die Vernissagen offiziell genehmigen zu lassen, alle scheiterten. Nur eine einzige der 13 Vernissagen, die von Stefan Reich und Bettina Wurl beantragte fünfte Veranstaltung der Reihe in der von ihnen bewohnten Jenergasse 7, erhielt eine Genehmigung.

Bis zur Ausreise Wandrers im Herbst 1987 fanden sieben Vernissagen statt, begleitet von Lesungen, Musik und dadaistischen Aktionen. Freilich schauten

11. „Jenaer Hofvernissage“ am 25. Juni 1988.

die Sicherheitsorgane nicht tatenlos zu, auch wenn Wandrer nicht vordergründig provozieren wollte. Mehrmals wurde er verhaftet und schikaniert. Gegen Ordnungsgeldbescheide wegen nichtangemeldeter Veranstaltungen, die in Summe etwa einem Monatslohn von 1.000 Mark entsprachen, wehrte er sich erfolgreich durch verschiedene Instanzen. Zur Seite standen ihm neben seiner Ehefrau vor allem Volker Hoffmann, Stephan Reich, Bettina Wurl, Andrea Müller, Joachim Hoffmann und Bertram Hesse. Nach Wandrers Ausreise nach Westberlin übernahmen seine Mitstreiter die Organisation der Vernissagen.

Auf insgesamt 13 Veranstaltungen präsentierte sich bis zum Herbst 1989 jenseits des staatlichen Kulturbetriebes eine Kunstszene mit bildender Kunst, Musik, Literatur, Performance, Film und Theater. Die Künstler traten ohne Gage auf, man war solidarisch untereinander. Besucher, Gleichgesinnte, kamen aus allen Teilen der Republik, oft drängten sich mehrere hundert im Innenhof, trotz der stets gegenwärtigen Staatsmacht.

Die beiden Künstler der 1988 zerstörten Werke wehrten sich erfolgreich gegen die staatliche Willkür, andere resignierten oder wanderten aus. Vom 23. September bis 19. November 2022 erinnerte eine Ausstellung in der TRAFO unter Beteiligung der in den Hofvernissagen aktiven Künstler an die mutigen Aktionen der oppositionellen Jenaer Kunstszene.

52 Einkaufen auf der Couch
Erfolgsgeschichte Intershop

Bequem von der heimischen Couch aus einzukaufen ist für die meisten heute selbstverständlich. Eine wichtige Voraussetzung dafür schuf das Jenaer Unternehmen Intershop, das 1994 auf der CeBIT die erste Software für ein funktionsfähiges Internethandelssystem vorstellte.

Nahezu jedes Unternehmen, das Waren anzubieten hat, nutzt heute einen Onlineshop. Die Verbraucher können das Gewünschte bequem vom heimischen Computer oder sogar unterwegs am Smartphone begutachten und bestellen. Eine innovative Firma aus Jena stellte dafür die Weichen. Sie gab sich den Namen Intershop, nach den in der DDR bekannten Intershop-Läden, in denen man für Devisen Begehrlichkeit weckende Westwaren (die häufig aus DDR-Produktion stammten) kaufen konnte. Westware aber gab es nach der Wende überall, die an die Käufer gebracht werden musste. Mit der Erfindung des World Wide Web 1989, eines digitalen weltweit erreichbaren Netzes, eröffneten sich neue Möglichkeiten.

Die 1992 von drei Unternehmern gegründete Intershop Communications AG, aus der Jenaer NetConsult Communications GmbH hervorgegangen, vertrieb zunächst nur Computer und vermittelte deren Anwendungen. Doch die sich rasant entwickelnde digitale Welt bot neue Perspektiven für den Handel und die Nutzung des Computers.

Im Frühjahr 1994 stellte Intershop auf der CeBIT eine erste Version der Software vor, die einen weltweiten und zudem weitgehend sicheren Vertrieb von Waren über das Internet ermöglichte. Die Digitalisierung des Vertriebs stieß auf große Resonanz, nachdem das Otto-Versandhaus und Hewlett-Packard, einer der größten US-amerikanischen PC- und Druckerhersteller, als Kunden gewonnen werden konnten. 1995 ging das erste elektronische Kaufhaus für Hardware online. Intershop hatte das weltweit erste voll funktionierende E-Commerce-System erfolgreich auf dem Markt etabliert. Das Unternehmen expandierte und gründete Niederlassungen in verschiedenen Ländern, darunter den USA.

Die zügige Entwicklung des Internets und die zunehmende Verbreitung von Mobiltelefonen und Kleincomputern beschleunigte den Internethandel und damit den Aufstieg der Firma Intershop. So startete sie 1998 am Neuen Markt mit einem Emissionskurs von 51,13 Euro an der Börse. Zwei Jahre später, Intershop beschäftigte zu dieser Zeit 1.200 Mitarbeiter, wurde das Unternehmen an der NASDAQ in New York, der größten Börse für Technologieunternehmen, gelistet. Im März 2000 war die Aktie auf über 2.100 Euro gestiegen, der Vermögenswert der Firma mit 11,3 Milliarden Euro dem des Industriekonzerns ThyssenKrupp vergleichbar. Intershop hatte sich zu einem der erfolgreichsten Unternehmen im Bereich der digitalen Technologie entwickelt. Doch die Euphorie hielt nicht

Neues Intershopgebäude am Steinweg.

lange an. Das schnelle Tempo, in dem sich der Neue Markt entwickelt hatte, verkehrte sich, zahlreiche Startups gingen pleite oder wurden von anderen aufgekauft. Wenige, wie z. B. der Event-Veranstalter CTS Eventim, waren erfolgreich, andere blieben an der Börse, jedoch mit großen Verlusten. Zu Letzteren gehörte Intershop, deren Aktie im Dezember 2005 einen Tiefstand von 0,88 Euro verzeichnete. Doch die Akteure gaben nicht auf, auch wenn zwei der Gründer die Firma verließen. Der Dritte im Bunde glaubte an sein Unternehmen und führte es unter schwierigen Bedingungen und mit wechselnden Partnern an der Börse weiter.

Seit 2008 schreibt das Unternehmen, das Niederlassungen weltweit unterhält, wieder schwarze Zahlen. Sichtbares Zeichen der Erholung ist der 2022 fertiggestellte neue Firmensitz am Steinweg, der gegen den lange Zeit in mehreren Etagen genutzten weithin sichtbaren Intershop-Turm ausgetauscht wurde.

53 Jährliches Sommer Open-Air
Kulturarena

Jedes Jahr im Sommer trifft sich Jena abends auf dem Theatervorplatz zu einer bunten Mischung von Konzerten und Filmen. Inzwischen zieht das größte Open-Air-Festival der neuen Bundesländer auch zahlreiche Besucher von außerhalb an.

Neben Schillers Gartenhaus stand bis 1986 das Stadttheater, das unter Leitung des Bauhaus-Direktors Walter Gropius 1921/22 errichtet wurde. Am 2. Januar 1987 begann der Abriss des Zuschauerhauses, gab es doch große Pläne für ein „Schillertheater" mit einer Glas-Stahl-Fassade in Richtung Stadtzentrum. Aber die Finanzierung scheiterte und so blieb bis heute vor dem noch erhaltenen alten Bühnenturm nur ein großer Vorplatz. Mit den Unsicherheiten, aber auch Möglichkeiten nach der Wende gab es mehrere Pläne für das Theaterareal.

Als der Kulturdezernent Klaus Hattenbach 1991 den kulturell umtriebigen und erfahrenen Norbert Reif aus Kassel als Kulturamtsleiter einstellte, war schnell die Idee eines sommerlichen Kulturspektakels auf dem Theatervorplatz geboren. Ähnlich dem „Kulturzelt" in Kassel organisierte Reif mit dem künstlerischen Leiter Lutz Engelhardt ein Musikfestival. Zwar prophezeiten kritische Stimmen, dass an diesem ungeeigneten Ort, mit unbekannten Künstlern und noch dazu im Sommerloch kein Erfolg zu erzielen sei. Aber mit 400 Gästen pro Konzert und insgesamt 8.000 Besuchern übertraf die erste Kulturarena 1992 alle Erwartungen. Familiär ging es damals noch zu: Mit fünf DM Eintritt und mitgebrachten Getränken konnte man sich locker jede Veranstaltung gönnen, mit Freunden treffen, reden und die Sommerabende genießen. Durch die Zusammenarbeit mit Kassel gelang es in den folgenden Jahren, auch namhafte Künstler zu engagieren.

Im ersten Jahrzehnt war jeder Sommer einem musikalischen Schwerpunkt gewidmet: Jazz, Pop, Funk, Rock, Hip-Hop, A-Capella und elektronische Musik wechselten sich ab. Für manche unbekannten Gruppen wurde die Kulturarena zu einem Sprungbrett und bekannte Künstler scheuten sich nicht, in der relativ kleinen Arena aufzutreten. Viele Künstler kommen immer wieder, darunter Apocalyptika, BOSSE, Feindrehstar, Flying Pickets, Goran Bregovic, Götz Alsmann, John Cale, Kat Frankie, Maceo Parker, Marie Boine, Nils Landgren, Rainald Grebe, René Aubry, Roberto Fonseca und Taraf de Haidoks.

Bis heute hat sich ein fester Ablauf eingespielt: Als Ouvertüre spielt an zwei Abenden im Juni die Jenaer Philharmonie im Neubauviertel Lobeda-West, danach folgt an drei Tagen im Juli ein Theaterspektakel auf dem Theatervorplatz. In den folgenden sechs Wochen gibt es jeweils Donnerstag bis Sonntag Konzerte und Sonntag, Montag und Dienstag nach Anbruch der Dunkelheit Freilichtkino. An mehreren Sonntagen zieht die Kinderarena mit Zirkusveranstaltungen, Märchen und

Die Band Feindrehstar spielt im Jubiläumsjahr 2017.

Musik schon die Kleinsten in ihren Bann. Dazu gibt es Angebote im „Kassablanca“ am Westbahnhof und akustische Konzerte im Volksbad.

Jährlich kommen zwischen 60.000 und 70.000 Besucher in die Kulturarena, pro Konzert können 3.000 Karten verkauft werden. Viele Jahre nutzten Arena-Fans das Angebot der Joker-Karten. Man erwarb sechs Karten zum Vorzugspreis und hatte freie Wahl der Besuchsabende. Begeisterte Liebhaber erstehen bis heute die limitierten Dauerkarten, übertragbar und für jede Veranstaltung gültig.

Inzwischen lohnt es, sich sofort nach Erscheinen des neuen Programms für Veranstaltungen zu entscheiden, denn schnell sind Zugpferde wie Jan Josef Liefers, Helge Schneider oder Sportfreunde Stiller ausverkauft. Auch wenn es regnet, harren die Besucher auf den Bänken oder im Stehen aus, und nach dem Konzert trifft man sich zum Ausklang am Wein- oder Biertisch. Diese gelungenen Abende sorgen für eine stete und ständig wachsende Besucherschar, auch wenn die Eintrittspreise inzwischen deutlich höher sind als 1992.

54 Ein Paradies auf Erden
Erlebniswelt Saale

Die Saale, Thüringens größter und wasserreichster Fluss, entspringt im Fichtelgebirge/Oberfranken, quert Bayern und Thüringen, ehe sie nach 413 Kilometern bei Barby in Sachsen-Anhalt in die Elbe mündet. 196,3 Kilometer ihres Weges führen durch Thüringen. Im Mittleren Saaletal fließt sie etwa 15 Kilometer durch Jena und gibt der Stadt damit ein ganz besonderes Flair.

Ursprünglich war die Saale, die einst Slawen und Franken trennte, ein breit in der Aue mäandrierender Fluss, den die Menschen auf vielfältige Weise nutzten. Doch er führte auch Hochwasser in die Stadt und so begann man in seinen natürlichen Lauf einzugreifen. Über Jahrhunderte wurde die Saale begradigt, gestaut, eingedeicht, umgeleitet, aber auch durch Industrialisierung und Landwirtschaft verunreinigt. In den 1980er-Jahren war kaum vorstellbar, dass man hier wieder baden könnte oder die Fische genießbar seien. Doch das Bild hat sich verändert!

Spätestens seit den 2010er-Jahren erhielt die abwechslungsreiche Flusslandschaft innerhalb der Stadt wieder die Aufmerksamkeit, die ihr Generationen zuvor zuteil geworden war. Heute wird sie vor allem als Erholungsraum wahrgenommen, für unterschiedliche Aktivitäten genutzt: Man kann sie mit dem Kanu, Schlauchboot und Kajak befahren oder Stand up paddeln, selbst Baden und Schlittschuhlaufen wären bei entsprechenden Temperaturen möglich. Wer es nicht so aktiv mag, kann entspannt ihren steten Lauf vom Ufer aus verfolgen. Möglichkeiten dafür sind ausreichend vorhanden: Es gibt Sichtachsen auf den Fluss, Wiesen, auf denen man picknicken oder Sport treiben kann, Spielplätze und Cafés – und das alles im „Paradies“, dem großzügigen Stadtpark mit Saaledurchfluss, der schon die Romantiker begeisterte und inspirierte. Zum Schutz der Natur sind streng geschützte Biotope ausgewiesen, die den Biber selbst im städtischen Bereich wieder heimisch werden lassen.

Während sie heute vorrangig als Erholungs- und Vergnügungsort wahrgenommen wird, war die Saale für Generationen zuvor lebensnotwendig als Transportweg und als Nahrungs- und Energiequelle. Noch vor 100 Jahren führte sie, wie andere Flüsse, auch Lachse, die für jedermann auf den Tisch kamen, mitunter so oft, dass sich sogar die Dienerschaft beschwerte, weil ihr ständig Lachs vorgesetzt wurde. Heute sucht man diesen Fisch vergebens, dafür beherbergt der Fluss selbst in den städtischen Gegenden wieder knapp 50 Fischarten, darunter Hechte, Zander, Barsche, Rapfen, Welse, Aale und sogar Bachforellen.

Der Fischfang in der Saale spielt derzeit kaum eine Rolle bei der Versorgung der Bevölkerung, dagegen tragen die mit ihr verbundenen Wasserkraftwerke stetig zur Stromerzeugung bei, auch die im Vergleich zu Bleiloch- und

Saale mit Wehr vor dem Paradiesbahnhof.

Hohenwartetalsperre kleinen Anlagen in Jena. Rasenmühlen- und Paradieswehr liefern regelmäßig 620 bzw. 618 kW. Die Turbinen und Generatoren der Mühle am Burgauer Wehr erzeugen 1.200 kW, und das seit 130 Jahren. Ehe die Wehre 1999/2000 zu Wasserkraftanlagen umgebaut wurden, dienten ihre Schleusen der Flößerei. Heute kann man die einstige Kunst des Flößens einmal jährlich als Gaudi in Uhlstädt (zwischen Jena und Rudolstadt) bestaunen.

Innerhalb Thüringens gibt es nur auf dem Bleiloch- und Hohenwartestausee einen Fähr- und Schiffsverkehr. Im Stadtgebiet von Jena ist eine motorisierte Nutzung des Flusses nicht gegeben. Dafür aber kann man hier auf dem Saaleradweg radeln, der mit seinen 427 Kilometern von der Quelle bis zur Mündung einer der schönsten Radwege Deutschlands sein dürfte.

Der städtische Lauf der Saale beginnt in Maua, sie quert Göschwitz und nimmt über das Wehr Burgau unter der beeindruckenden Steinbogenbrücke (siehe Seite 22) ihren Weg mitten durch das Paradies. Am Ende des Paradieses, nahe dem städtischen Zentrum, wird sie durch ein Wehr gebändigt, um dann, überspannt von Paradies- und Camsdorfer Brücke, nordwärts zu fließen. Kurz nach der historischen Holzbrücke vor Kunitz verlässt sie das Stadtgebiet, nachdem sie Zulauf durch Leutra und Roda, Felsbach, Pennickenbach, Ammerbach, Gemdenbach und Steinbach erhalten hat. Bei Naumburg nimmt die Saale die Unstrut auf, mit 192 Kilometern der zweitlängste Nebenfluss der Saale. Noch vor Halle sorgen die Zuflüsse von Ilm, Unstrut, Luppe, Weißer Elster, Wipper und Bode dafür, dass sie schließlich mit ca. 80 Metern Breite in die Elbe fließt.

55 Blick durch die Wand
Erinnerung an Eduard Rosenthal

Eine neue Form der Erinnerungskultur entwickelte sich 2017 mit der Auslobung des Botho-Graef-Kunstpreises der Stadt Jena in Zusammenarbeit mit der Friedrich-Schiller-Universität für den jüdischen Rechtswissenschaftler, Juristen, Kunstförderer und „Vater der Verfassung des Landes Thüringen".

Im Jahr 1992 rief die Stadt Jena einen Kunstpreis zur Förderung zeitgenössischer bildender Kunst ins Leben. Er ist in Würdigung des Archäologen und Kunsthistorikers Botho Graef benannt, der von 1904 bis 1917 an der Universität lehrte. Dem 1903 gegründeten Kunstverein stand er als Mentor und Mäzen nahe und er engagierte sich für moderne Kunst. Der Preis, der alle zwei bzw. seit 1998 alle drei Jahre international ausgeschrieben wird, steht immer in einem thematischen, möglichst nachhaltigen Bezug zur Stadt Jena.

Das Thema der Ausschreibung 2017 galt dem Gedenken an Eduard Rosenthal. Von 1885 bis 1926 war er Professor der Rechtswissenschaften an der Universität und hatte u. a. von 1903 bis 1908 den Vorsitz im Kunstverein inne. Er arbeitete das Statut der Carl-Zeiss-Stiftung mit aus und gilt als „Vater der thüringischen Verfassung" von 1921. Auch von ihm bewahrte die Salana ein Porträt in ihrer Sammlung der Gelehrtenbildnisse auf. Bis 1934 hing das Gemälde im Zimmer der Rechtswissenschaftlichen Fakultät, wegen Rosenthals jüdischer Abstammung wurde es 1935 entfernt. Bis heute ist es nicht auffindbar. Der sich damit abzeichnenden „Leerstelle", die sich auch im öffentlichen Gedächtnis fortsetzte, sollte mit dem Kunstpreis begegnet werden.

Die Vorstellung war ein dezentrales Denkmal, das an fünf Orten sein Wirken sichtbar werden lässt. Elemente an verschiedenen Stellen in Jena, Weimar und Erfurt sollten auf Rosenthals zahlreiche Aktivitäten und seine vielfältige Persönlichkeit aufmerksam machen. Ausgewählte Orte waren in Jena die Villa Rosenthal, das Volkshaus und das Hauptgebäude der Universität, in Weimar das Fürstenhaus und in Erfurt der Landtag. Zu diesem hohen Anspruch kam noch der Wunsch, dass von Anfang an bei der Umsetzung eine intensive Öffentlichkeits- und begleitende Vermittlungsarbeit stattfinden sollte. Bereits im Sommer 2018 stellten sich deshalb alle eingeladenen Künstler in einer Abendveranstaltung vor. In der Reihe „Artist Talk" konnten sich interessierte Bürger mit den Künstlern und ihren Intentionen vertraut machen. Alle eingereichten Entwürfe wurden vom 7. Dezember 2018 bis 27. Januar 2019 im Jenaer Kunstverein am Markt, vom 23. Januar 2020 bis 29. Februar 2020 in der Universitätsbibliothek Weimar und vom 6. März 2020 bis 6. April 2020 im Thüringer Landtag in Erfurt ausgestellt. Am 19. Januar 2019 fand die Preisverleihung in der Jenaer Rathausdiele statt.

Als Siegerentwurf wählte die Jury einen zunächst verstörenden Vorschlag aus: „Einblicke – Erkundungsbohrungen

Bohrhülse in der Rosenthal-Villa Jena.

nach einem verschwundenen Bildnis" von Horst Hoheisel und Andreas Knitz. Sie thematisierten den Prozess der Suche nach der Person Eduard Rosenthal. An den fünf Gebäuden bohrten Hoheisel und Knitz eine Öffnung von 20 Zentimetern Durchmesser durch die Außenwand. Darin versenkten sie eine Messinghülse mit thermischen Sicherheitsgläsern, auf denen jeweils eine Inschrift mit Bezug auf Rosenthal und das jeweilige Gebäude eingraviert ist. Die Löcher in den Häusern sollten eine Irritation beim gewohnten Anblick des Gebäudes auslösen und bei dem Hineinschauen auf Eduard Rosenthal aufmerksam machen. Zudem sollte die so erzeugte Neugier die Suche nach Informationen zu seiner Person anspornen. Der Sinn dieser Erkundungsbohrungen war es, selbständiges Entdecken und Begreifen auszulösen.

Die Reihe „Artist Talk" fand in mehreren Veranstaltungen eine Fortsetzung, auch ein Film zu Rosenthals Leben wurde produziert. Im Frühjahr 2020 erfolgte an den fünf Orten die Enthüllung der Erinnerungshülsen. Aus diesem Anlass geleiteten am 24. April 2020 Schauspieler in einer Art Zeitreise die Gäste in Jena durch Rosenthals Leben.

Birgitt Hellmann (Jg. 1957), Museologin und Historikerin, arbeitete von 1982 bis 2020 als Kustodin und Kuratorin im Jenaer Stadtmuseum und publiziert Ausstellungskataloge und Bücher zur Stadt- und Fotogeschichte. Jährlich kuratiert sie freiberuflich Sonderausstellungen für Museen in Thüringen, zuletzt in Nordhausen, Pößneck und Gera. Neben Büchern für den Sutton Verlag erschienen in den letzten Jahren die Bände „Porzellan-Manufaktur Burgau a.S. Ferdinand Selle“ und „Aufgewachsen in Jena in den 40er und 50er Jahren“.

Dr. Sylvia Weigelt (Jg. 1952), Historikerin und Germanistin, arbeitete bis 2006 als Dozentin für Ältere deutsche Sprache und Literatur an der FSU Jena. Seit 2007 ist sie freiberufliche Publizistin und verfasste zahlreiche historische und kulturhistorische Publikationen mit dem Schwerpunkt Thüringen, u. a. „Unterwegs zu Elisabeth“, „Der Männer Lust und Freude sein – Frauen um Luther“, „Sibylle von Kleve, Cranachs schönes Model“, „Das Wasserschloss ‚Zur fröhlichen Wiederkunft‘ in Wolfersdorf“, „Mein Glück geht auf Stelzen. – Der gescheiterte Kurfürst Johann Friedrich I.“. Darüber hinaus ist sie mit kulturgeschichtlichen Vorträgen vorwiegend in Mitteldeutschland präsent.

Bildnachweis

Romana Bauer: S. 120;
Friedrich-Schiller-Universität Jena, Kustodie: S. 65, 77;
Moritz Götze: S. 41;
Birgitt Hellmann: S. 39, 75, 79, 97, 100, 101, 115, 117;
Herzogin Anna Amalia Bibliothek Weimar: S. 59;
JenaKultur, Stadtmuseum: S. 2, 21, 31, 35, 37, 45, 47, 49, 51, 55, 57, 63, 69, 73, 83, 89, 95, 99, 105;
Jürgen Jache: Vorsatz, S. 11, 15, 25, 85, 103, 107, 111, Nachsatz;
Klassik Stiftung Weimar: S. 33;
Wieland Knetsch: S. 23;
Birgit Kreher-Hartmann: S. 67;
Tina Peißker: S. 7, 13, 113;
Matthias Rupp: S. 9;
Shutterstock/Pele61: Einband vorn;
Stadtarchiv Jena: S. 17, 19, 29, 43, 53, 71, 81, 87, 91, 93, 102;
Thüringer Archiv für Zeitgeschichte „Matthias Domaschk" (ThürAZ) im Verein Künstler für Andere e. V.: S. 109;
Thüringer Universitäts- und Landesbibliothek Jena (ThULB): S. 27;
Sylvia Weigelt: S. 61, 71;
Johannes Winkler: S. 35.

Einband vorn: Blick auf die Stadtkirche St. Michael.
Vorsatz: Blick vom Jentower in Richtung Paradiesbahnhof.
Nachsatz: Blick vom Jentower in Richtung Stadtkirche und Marktplatz.
Einband hinten: Links oben: Die 1889 errichtete Sternwarte im Schillergässchen, Foto 1891. Links unten: Das Jenaer Glaswerk Schott & Gen., Lichtdruck 1900. Rechts: Johanna Stirnemann, die erste Museumsdirektorin Deutschlands, in ihrem Büro, Foto um 1932.

Besucher der Ausstellungseröffnung im Stadtmuseum zur Geschichte der Stereofotografie.

Impressum

Sutton Verlag GmbH
Schweickhardtstraße 1
72072 Tübingen
www.suttonverlag.de

ISBN: 978-3-96303-372-8
Printed in Poland by CGS
Gestaltung und Herstellung: Sutton Verlag
Satz: Chris Langohr Design, March

Buchhinweise

Birgitt Hellmann und Katrin Stiefel
Jena
Bilder aus der DDR

19,99 € | ISBN: 978-3-89702-527-1